DÉCRETS DU 22 JANVIER.

BIENS

DE LA

MAISON D'ORLÉANS.

TRIBUNAL CIVIL DE LA SEINE.

(1re CHAMBRE).

QUESTION DE COMPÉTENCE.

PLAIDOIRIES DE MM. PAILLET ET BERRYER.

PARIS,

IMPRIMÉ PAR HENRI ET CHARLES NOBLET,

RUE SAINT-DOMINIQUE, 56.

1852

DÉCRETS DU 22 JANVIER.

BIENS

DE LA

MAISON D'ORLÉANS.

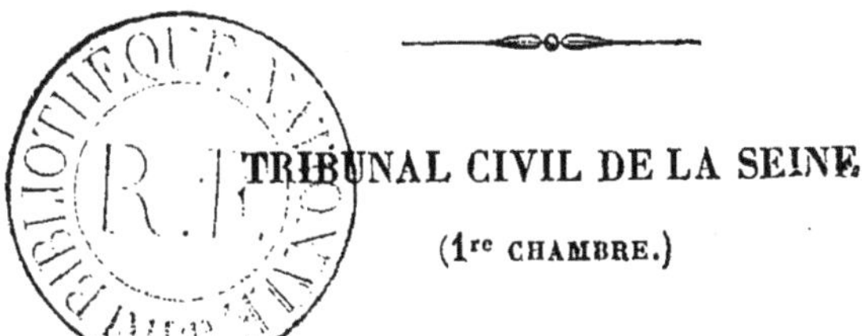

TRIBUNAL CIVIL DE LA SEINE.

(1re CHAMBRE.)

QUESTION DE COMPÉTENCE.

PLAIDOIRIES DE MM. PAILLET ET BERRYER.

NATIONAL
TIMBRE
SEINE

NATIONAL
SEINE

NATIONAL
TIMBRE
SEINE

TRIBUNAL CIVIL DE LA SEINE.

(1re CHAMBRE.)

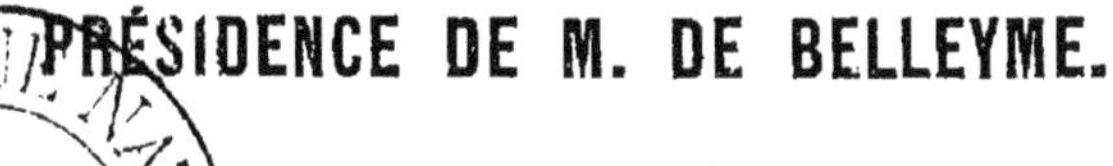

PRÉSIDENCE DE M. DE BELLEYME.

AUDIENCE DU 23 AVRIL 1852.

Les Princes de la Maison d'Orléans contre le Domaine. — Décrets des 22 janvier et 27 mars 1852. — Déclinatoire élevé par le Préfet de la Seine. — Plaidoiries de Mes Paillet et Berryer. — Jugement.

Dès neuf heures du matin, c'est-à-dire près de deux heures avant l'ouverture de l'audience, les portes de la nouvelle salle d'audience de la première chambre du tribunal de la Seine sont assiégées par une affluence considérable de curieux, que l'annonce de l'affaire remise à aujourd'hui 23, pour les plaidoiries de Me Paillet et de Me Berryer, a attirés au Palais.

Aussitôt que les portes sont ouvertes, la salle est immédiatement remplie. Le nombre des auditeurs qui ne peuvent trouver place est considérable. Plusieurs sergents-de-ville sont chargés du maintien de l'ordre à l'intérieur.

Les personnages dont on remarque la présence sont MM. de Montalivet, Dupin aîné, le duc de Montmorency, Scribe, exécuteurs testamentaires du feu roi Louis-Philippe; — M. Bocher, administrateur général des biens et affaires de la Maison d'Orléans, et mandataire des Princes; — MM. Dufaure, Odilon Barrot, de Vatimesnil, de la Tour, le prince Albert de Broglie, de la Rosière, Hovyn de Tranchère, Freslon, le marquis de

Bérenger, de Ségur, de Rémusat fils , de Barante, Anisson du Perron, Estancelin, Mortimer Ternaux, Emile Leroux.

Mes Paillet et Berryer, avocats, et Me Denormandie, avoué des héritiers d'Orléans, sont assis à la barre.

Le siège du ministère public est occupé par M. Descoutures, substitut de M. le procureur de la République.

Pour faire complètement connaître les faits qui ont donné lieu au procès, il convient de reproduire les termes de la requête qui avait été présentée à M. le Président et ceux de l'ordonnance intervenue.

A Monsieur le Président du tribunal civil de première instance de la Seine, au Palais-de-Justice à Paris.

« 1° Louis-Charles-Philippe-Raphaël d'Orléans, duc de NEMOURS ;

« 2° François-Ferdinand-Philippe - Louis-Marie d'Orléans, prince de JOINVILLE ;

« 3° Henri-Eugène-Philippe-Louis d'Orléans, duc d'AUMALE ;

« 4° Antoine-Marie-Philippe-Louis d'Orléans, duc de MONTPENSIER ;

« Ayant tous quatre leur domicile à Paris, rue de Varennes, n° 55, mais résidant de fait, savoir : le duc de Nemours, le prince de Joinville et le duc d'Aumale, au château de Claremont (Angleterre), et le duc de Montpensier, à Séville (Espagne), sans préjudice, pour le duc d'Aumale, du domicile particulier qu'il a à Paris, rue de Grenelle-Saint-Germain, n° 71, au siège de l'administration de ses biens provenant de la succession du duc de Bourbon;

« 5° S. A. R. Marie-Clémentine-Caroline-Léopoldine-Clotilde, duchesse de Saxe, princesse de Saxe-Cobourg-Gotha, épouse de S. A. R. Auguste-Louis-Victor, duc de Saxe, prince de SAXE-COBOURG-GOTHA, et M. le prince de Saxe-Cobourg-Gotha pour assister et autoriser la dame son épouse, demeurant ensemble à Cobourg (Saxe);

« 6° S. A. R. Madame Hélène-Louise-Elisabeth, princesse de Mecklembourg-Schwerin, duchesse d'Orléans, veuve de Ferdinand-Philippe-Louis-Charles-Henri d'Orléans, duc d'Orléans, ayant son domicile à Paris, rue de Varennes, n° 55, au siège de l'administration des biens et des affaires de la maison d'Orléans, et résidant de fait à Esher, comté de Surrey (Angleterre);

« S. A. R. Madame la duchesse d'Orléans, agissant comme tutrice naturelle et légale : 1° de Louis-Philippe-Albert d'Orléans, comte de Paris; 2° et de Robert-Philippe-Louis-Eugène-Ferdinand d'Orléans, duc de Chartres, ses deux enfants mineurs, demeurant et résidant avec elle, issus de son mariage avec feu le duc d'Orléans;

« Et, en outre, agissant en son nom personnel comme ayant la jouissance légale des biens des deux princes ses fils mineurs susnommés;

« 7° S. M. Léopold Ier (Georges-Chrétien-Frédéric), roi des Belges, demeurant au château de Bruxelles (Belgique);

« S. M. le roi des Belges, tuteur naturel et légal : 1° de Léopold-Louis-Philippe-Marie-Victor, duc de Brabant, prince royal: 2° de Philippe-Eugène-Ferdinand-Léopold, comte de Flandre; 3° de Marie-Charlotte-Amélie-Auguste-Victoire-Clémentine-Léopoldine, ses trois enfants mineurs, demeurant avec lui, issus de son mariage avec S. M. Louise-Marie-Thérèse-Charlotte-Isabelle d'Orléans, reine des Belges, décédée au palais d'Ostende le 11 octobre 1850;

« Et, en outre, S. M. le roi des Belges en son nom personnel, comme ayant la jouissance légale des biens des deux princes ses fils, et de la princesse sa fille, lesquels sont seuls héritiers de la reine leur mère;

« De plus, S. M. le roi des Belges, agissant comme légataire universel de la feue reine des Belges;

« 8° S. A. R. le duc Frédéric-Guillaume-Alexandre de Wurtemberg, demeurant à Beyreuth (Bavière), tuteur naturel et légal de S. A. R. le duc Philippe-Alexandre-Marie-Ernest de Wurtemberg, son fils mineur, demeurant avec lui né de son mariage avec Marie-Christine-Caroline-Adélaïde-Françoise-Léopoldine d'Orléans, décédée à Pise (Italie) le 2 janvier 1839 ;

« Tous les susnommés agissant : 1° comme donataires du feu roi Louis-Philippe, aux termes de l'acte de donation du 7 août 1830, de tous les biens compris dans la dite donation ; 2° comme héritiers, mais sous bénéfice d'inventaire seulement, et pour la part afférente à chacun d'eux, du roi Louis-Philippe, leur père et aïeul, lequel avait son domicile à Paris, et est décédé à Clare-mont (Angleterre) le 26 août 1850 ;

« Et, en outre, agissant comme héritiers et représentants de feue Madame Adelaïde, leur tante et grand'tante, décédée à Paris, au château des Tuileries, le 31 décembre 1847 ;

« Ayant tous les susnommés M⁰ Louis-Jules-Ernest Denor-mandie pour avoué ;

« Requièrent qu'il vous plaise, Monsieur le président,

« Vu les actes tendant à éviction, dirigés, au nom de l'admi-nistration des domaines, contre les requérants, et les disposi-tions de l'art. 72 du Code de procédure civile ;

« Les autoriser à assigner d'urgence et au plus prochain jour d'audience, M. le directeur général des domaines, pour :

« Attendu que l'administration des domaines vient de faire des actes tendant à s'emparer des domaines de Neuilly et de Monceaux, le premier dépendant de la succession du feu roi Louis-Philippe , le second dépendant de cette succession et de celle de feue Madame la princesse Adelaïde d'Orléans, sa sœur ;

« Que les mandataires des requérants ont protesté contre ces actes, qui portaient atteinte aux droits de propriété de leurs mandants, et fait opposition à leur exécution ;

« Que les régisseurs des domaines (M. Daudan, à Neuilly, et M. Lagarde, à Monceaux) ont déclaré être sous les ordres de l'administration des biens de la maison d'Orléans, et dit qu'ils n'avaient d'instructions à recevoir que de la dite administration ; Ajoutant MM. Daudan et Lagarde qu'ils protestaient de la ma-nière la plus formelle contre la tentative dont ils étaient l'ob-

jet, et demandaient à faire constater leur résistance et ses motifs ; que les prétendus délégués du directeur des domaines ont
déclaré avoir ordre exprès de ne recevoir aucune protestation,
et de passer outre malgré toutes les résistances, au besoin par
la force ;

« Que M. Dalvi, vérificateur des domaines, s'est présenté
le samedi 10 du courant, à trois heures et demie, à Neuilly, auprès de M. Daudan, annonçant l'intention de prendre possession de ce bien ; — que cette tentative a été renouvelée le lundi
12, et qu'après trois sommations suivies de refus les portes
ont été ouvertes par un serrurier requis à cet effet ;

« Que M. Abraham, autre vérificateur des domaines, s'est présenté le même jour, samedi 10 du courant, à trois heures et
demie, au domaine de Monceaux, auprès de M. Lagarde, annonçant l'intention de prendre possession du dit bien ; — que
cette tentative a été également renouvelée le lundi 12, et qu'a-
près trois sommations suivies de refus les portes ont été ouvertes par un serrurier requis à cet effet ;

« Attendu que le domaine de Neuilly se composait d'acquisitions diverses faites pour partie avant 1830, et pour partie depuis 1830 ;

« Attendu que le domaine de Monceaux, acquis par le feu roi
Louis-Philippe, alors duc d'Orléans, et par sa sœur Mme la princesse Adélaïde, aux enchères publiques, et payé aux créanciers
de la succession du duc d'Orléans, leur père, est un bien privé,
qui n'a aucun caractère domanial ou apanager ; qu'en tous cas, si
l'administration des domaines élevait à cet égard quelques prétentions, elle devrait les faire juger, et non s'emparer par force et
de sa propre autorité d'un bien tout patrimonial ; que ce domaine appartient par indivis à la succession du feu roi Louis-
Philippe et à celle de sa sœur ;

« Attendu, quant à ces domaines de Neuilly et Monceaux,
que la propriété du feu roi, antérieure à son avènement au trône
en 1830, conservée par lui à titre de domaine privé, reconnue
et consacrée par la loi du 2 mars 1832, n'a été l'objet d'aucune at-
taque ou réclamation depuis 1830, jusqu'à la révolution de 1848 ;

« Que le feu roi a joui et disposé des dits biens pendant tout cet intervalle de temps;

« Attendu que si la Révolution de 1848 a ordonné des sequestres sur les biens de la maison d'Orléans, deux décrets rendus par les Assemblées Constituante et Législative, les 25 octobre 1848 et 4 février 1850, ont prescrit la remise des dits biens aux mandataires des propriétaires, et la levée définitive de tout séquestre;

« Attendu que les droits de propriété auxquels l'administration des domaines voudrait aujourd'hui porter atteinte, reposent sur la patrimonialité des biens, et sur une série de titres et de lois;

« Attendu que, indépendamment des titres formels et des textes des lois, les requérants sont en possession;

« Attendu qu'aux termes de l'article 2227 du Code Napoléon, l'État est soumis aux mêmes prescriptions que les particuliers; que, suivant l'article 2265, la prescription, dans l'espèce, aurait été acquise par le laps de dix ans, depuis 1830 ; et qu'il s'en est écoulé plus de vingt, sans aucune contestation élevée sur la légitimité des droits des requérants;

« Attendu, enfin, la faveur et la bonne foi qui s'attachent aux contrats de mariage contractés avec les tiers, qui, chacun en ce qui le concerne, ont reçu ou apporté en dot, ou constitué en hypothèque les biens dont il s'agit;

« Voir dire que c'est sans droit que les agents des requérants ont été expulsés ; et en conséquence que les requérants seront maintenus et gardés dans la possession et propriété des deux domaines de Neuilly et Monceaux ;

« Et pour, en outre, répondre et procéder comme de raison ; et se voir le défendeur condamner aux dépens, même à tous dommages-intérêts ; — sous la réserve de prendre ultérieurement toutes autres et plus amples conclusions ;

« Et vu les dispositions de l'article 135 du Code de procédure civile ;

« Voir ordonner l'exécution du jugement à intervenir par

provision, nonobstant opposition ou appel, même sur minute;

« Sous réserve, enfin, de tous moyens, droits et actions ;

« Aux fins ci-dessus, les requérants vous demandent, Monsieur le Président, de leur donner toutes autorisations nécessaires, de dire votre ordonnance exécutoire avant l'enregistrement, et de commettre tous huissiers audienciers pour la délivrance des actes à signifier;

« Et vous ferez justice.

« E. Denormandie.

« 13 avril 1852. »

« Nous, Président du tribunal, vu la requête, permettons d'assigner aux fins de la requête ci-dessus, au 16 avril courant, par devant la première chambre du tribunal, et sera l'assignation donnée par Marécat, huissier audiencier, que nous commettons à cet effet.

« Disons que la présente ordonnance sera exécutoire avant l'enregistrement, mais à la charge de la faire enregistrer dans les deux jours.

« Paris, 13 avril 1852.

« de Belleyme.

« Enregistré à Paris, le 13 avril 1852, f° 131, c. 4. Reçu 3 fr. 30 centimes.

« Hennissart. »

En vertu de cette ordonnance, l'administration des Domaines a été assignée par exploit de Marécat, huissier, du 13 avril courant, devant la première chambre du tribunal, pour le 16 du même mois, aux fins ci-dessus rapportées.

A l'audience du 16 avril, jour où l'affaire fut appelée pour la première fois, M⁰ Berryer s'était levé, et avait demandé qu'il plût au tribunal donner défaut contre l'administration des Domaines, et adjuger aux princes d'Orléans les conclusions de leur demande. Mais à ce moment M. le substitut Descoutures avait déclaré être chargé de présenter, au nom de M. le Préfet de la Seine, un déclinatoire ainsi conçu :

DÉCLINATOIRE PRÉSENTÉ PAR LE MINISTÈRE PUBLIC.

« Nous, préfet de la Seine,

« Vu 1° le décret du 22 janvier dernier, déclarant nulle, comme contraire au droit public français, la donation faite sous réserve d'usufruit par le feu roi Louis-Philippe à ses enfants, le 7 août 1830, et prononçant la restitution au domaine de l'État des biens qui en ont été l'objet, pour être vendus en partie à la diligence de l'administration des domaines ;

« 2° Un second décret du 27 mars suivant, ordonnant la vente au profit de l'État, entre autres biens, des domaines de Neuilly et de Monceaux, compris nommément dans cette donation, et ayant fait retour au domaine en vertu du premier décret ;

« 3° Et une copie certifiée du dit acte de donation, passé devant Mes Dentend et Noël, notaires à Paris ;

« Vu, en outre, 1° l'article 10, titre II, de la loi des 16 et 24 août 1790, portant :

« Les tribunaux ne pourront prendre directement ou in-
« directement aucune part à l'exercice du pouvoir législatif,
« ni empêcher ou suspendre l'exécution des décrets, etc. »

« Et l'article 13, disposant que les fonctions judiciaires sont distinctes et demeureront toujours séparées des fonctions administratives, et que les juges ne pourront, à peine de forfaiture, troubler de quelque manière que ce soit les opérations des corps administratifs, ni citer devant eux les administrateurs pour raison de leurs fonctions ;

« 2° L'arrêté du Gouvernement du 16 fructidor an III, faisant défense itérative aux tribunaux de connaître des actes d'administration, de quelque espèce qu'ils soient ;

« 3° Et enfin les dispositions de l'ordonnance réglementaire du 17 juin 1828 ;

« Considérant qu'en exécution des décrets sus-visés, il a été pris possession, au nom de l'État, des domaines de Neuilly et de Monceaux ;

« Considérant qu'à ce sujet, les héritiers du feu roi Louis-Philippe, ayant pour avoué M° Denormandie, viennent, en vertu de permission du juge, et suivant exploit de Marécat, huissier à Paris, en date du 13 de ce mois, d'assigner M. le directeur général des domaines à comparaître à l'audience de la première Chambre du tribunal civil de première instance de la Seine, du vendredi 16, pour voir dire par l'autorité judiciaire que la prise de possession qui a été opérée au nom de l'Etat, des domaines de Neuilly et de Monceaux, serait contraire aux titres de propriété des requérants ; que ce serait sans droit que leurs agents auraient été expulsés, et qu'en conséquence les dits requérants seraient maintenus et gardés dans la possession et propriété de ces domaines ;

« Considérant que les biens dont il s'agit sont nommément compris dans la donation du 7 août, et qu'il en a été régulièrement pris possession en exécution des décrets sus-visés ; lesquels, ayant essentiellement le caractère d'actes du Gouvernement et de haute administration, ont prononcé le retour des dits biens à l'Etat, et ont même déjà ordonné la vente dans les formes prescrites pour les ventes des biens nationaux ;

« Considérant, dès lors, que la demande formée au nom des héritiers du feu roi Louis-Philippe est en opposition avec les décrets sus-visés, et que le tribunal ne saurait en demeurer saisi sans contrevenir aux dispositions des lois qui défendent aux autorités judiciaires de connaître des actes d'administration et de Gouvernement sans violer le principe de la séparation des pouvoirs.

« Concluons par ces motifs, qu'il plaise au tribunal se déclarer incompétent pour statuer sur la demande formée au nom des héritiers du feu roi Louis-Philippe, suivant exploit sus-énoncé, du 13 de ce mois.

« Fait à Paris, le 15 avril 1852.

« *Signé* BERGER. »

Après le dépôt de ce déclinatoire, Mᵉ Berryer se lève de nouveau, et attendu que le déclinatoire était entièrement inconnu aux conseils des princes d'Orléans, demande qu'il plaise au tribunal remettre la cause à huitaine, pour être, après communication, plaidé sur ce déclinatoire.

C'est dans cette situation que l'affaire venait à l'audience du 23 avril.

A dix heures et demie, le tribunal prend séance, et M. le président de Belleyme déclare l'audience ouverte.

Le tribunal se compose de M. de Belleyme, président; M. d'Herbelot, vice-président; MM. Picot, Collette de Beaudicourt, Gallois, Sevestre et de Charnacé, juges; Petit et Marjolin juges suppléants.

M. le président donne la parole au ministère public.

M. DESCOUTURES, substitut de M. le procureur de la République, prend la parole en ces termes :

Le tribunal se rappelle qu'à l'audience de vendredi dernier j'ai eu l'honneur de déposer sur son bureau un déclinatoire signé par M. le Préfet de la Seine, et tendant à l'incompétence du tribunal. Ce déclinatoire conclut en ces termes :

« Par ces motifs, concluons qu'il plaise au tribunal se déclarer incompétent pour statuer sur la demande formée au nom des héritiers du feu roi Louis-Philippe, suivant l'exploit sus-énoncé du 13 de ce mois »

Conformément à la loi, nous avons rédigé des conclusions écrites dont nous allons avoir l'honneur de vous donner lecture.

« Vu l'exploit du ministère de Marecat, huissier, en date du 15 avril présent mois, contenant, à la requête des susnommés (les membres de la famille d'Orléans), ès noms qu'ils agissent, assignation au domaine ;

« Vu le déclinatoire élevé par M. le Préfet de la Seine ;

« Vu l'art. 6 de la loi du 16-24 août 1790 ;

« Attendu que l'art. 1er de la loi du 22 janvier 1852 porte que les biens meubles et immeubles, qui sont l'objet de la donation faite le 7 août 1830 par le roi Louis-Philippe, sont resti tués au domaine de l'État ;

« Attendu que, aux termes de l'art. 1er de la loi du 27 mars 1852, le Ministre des finances a été autorisé à aliéner une partie de ces immeubles, notamment les bois dépendant des domaines de Neuilly et de Monceaux ;

« Qu'en exécution des lois précitées et dans le but de parvenir à la vente prescrite par celle du 27 mars, l'État, dans la personne d'agents de l'administration des domaines, a été mis, le 10 avril 1852, en possession des immeubles susdénommés;

« Attendu que, en cet état de choses, c'est à tort que les requérants prétendraient saisir le tribunal civil de la question de propriété de ces immeubles ;

« Attendu, en effet, que le principe en vertu duquel les tribunaux civils sont compétents pour statuer sur les questions de propriété, même à l'égard de l'État, ne saurait être appliqué lorsque, comme dans la cause actuelle, le droit a été souverainement réglé par le législateur lui-même, et que le point en litige a été l'objet de dispositions législatives spéciales qui ne soulèvent aucune difficulté d'interprétation ;

« Que dans aucun cas les tribunaux civils ne peuvent connaître d'une action intentée contre la loi elle-même pour ainsi dire, et dans le but de contester un droit expressément sanctionné par elle.

« Que décider le contraire, ce serait admettre qu'ils peuvent s'immiscer dans l'exercice de la puissance législative, et empêcher ou suspendre l'exécution de ses décrets ; ce qui leur est également interdit par la loi même de leur organisation et par la nature des pouvoirs qui leur sont conférés ;

« Attendu, sous un autre point de vue, que les agents de l'administration des domaines, en procédant à la prise de possession des domaines de Neuilly et de Monceaux, ont agi en exécution des décisions administratives prises en vertu des lois des 22 janvier et 27 mars 1852 ; qu'en cela ils ont opéré dans le cercle et dans les limites de leurs attributions administratives ;

« Attendu, en effet, que l'administration du domaine a seule qualité pour faire procéder à la vente ordonnée par la loi du 27 mars, et que tous les actes émanés d'elle, et qui doivent avoir pour résultat de parvenir à cette vente, ont un caractère essentiellement et exclusivement administratif ;

« Attendu qu'aux termes de la loi du 16-24 août 1790, les juges ne peuvent, à peine de forfaiture, troubler de quelque manière que ce soit les opérations des corps administratifs ;

« Que ce principe est non moins énergiquement formulé dans la loi du 16 fructidor an III, qui fait « défense itérative aux « tribunaux de connaître des actes d'administration, de quel- « que nature qu'ils soient » ;

« Attendu, enfin, qu'il est de principe et de jurisprudence que les tribunaux doivent s'arrêter devant les décisions administratives, tant qu'elles n'ont pas été réformées ou annulées par l'autorité administrative supérieure (arrêts de cassation : 10 mars 1830, 18 avril 1833) ;

« Se déclarer incompétent. »

M. LE SUBSTITUT. Quant à présent, nous n'avons rien à ajouter à ces conclusions.

Immédiatement après cette lecture, Me Denormandie, avoué des princes d'Orléans, rédige à la barre, et fait remettre au tribunal des conclusions ainsi conçues :

« Attendu qu'il s'agit d'une question de propriété débattue entre les demandeurs et l'administration des domaines, laquelle est essentiellement de la compétence des tribunaux ;

« Attendu que les arguments qu'on a prétendu tirer du

deuxième décret du 22 janvier constituent un des moyens du fond, mais ne peuvent pas autoriser à décliner l'autorité des tribunaux, qui auront seulement à apprécier les divers moyens que chacune des parties fera dériver de ses titres respectifs ;

« Attendu que d'ailleurs, et indépendamment des titre écrits sur lesquels les demandeurs s'appuient, ils invoquent le bénéfice de la prescription décennale avec juste titre et bonne foi, ainsi que l'état d'indivision reconnu dans le texte même des décrets relatifs aux domaines revendiqués, et par tous autres moyens plaidés à l'audience et ceux qu'il plairait au tribunal de suppléer ;

« Sans s'arrêter ni avoir égard au déclinatoire proposé, ordonner qu'il sera plaidé au fond. »

M. LE PRÉSIDENT. Mᵉ Paillet, vous avez la parole.

Mᵉ PAILLET. Je me présente dans la cause pour les membres de la famille d'Orléans, demandeurs.

Je conclus à ce qu'il plaise au tribunal, sans avoir égard au déclinatoire proposé par M. le Préfet de la Seine, retenir la cause, dire qu'il sera plaidé au fond, et condamner M. le Préfet aux dépens de l'incident.

Messieurs, pour comprendre l'action qui vous est soumise, pour apprécier le déclinatoire qu'on nous oppose, pour caractériser également le décret qui en est la base, il est indispensable d'entrer dans quelques détails et de bien préciser la situation des choses au moment où le procès s'est engagé devant vous.

Quelle était l'origine de la fortune de Louis-Philippe, duc d'Orléans, à l'époque de la révolution de 1830? Il faut, Messieurs, bien déterminer les éléments de cette fortune, et répondre, puisque l'occasion s'en présente, une fois pour toutes, à des confusions, à des erreurs, volontaires ou non, qui ont été, dans ces derniers temps, commises sur la fortune de Louis-Philippe.

Elle se composait de deux éléments bien distincts : d'abord, l'apanage créé en 1661 par Louis XIV, au profit de son frère

Philippe, pour prix de la renonciation que celui-ci avait faite à la succession de Louis XIII, leur père commun. Qu'est devenu cet apanage, que l'on a affecté de confondre avec les biens atteints et frappés par le décret du 22 janvier? — L'apanage était venu se fixer sur la tête de Louis-Philippe, chef de la famille. L'apanage, au 9 août 1830, *a pris fin irrévocablement.* Par l'avènement de Louis-Philippe au trône, l'apanage *a cessé*, et tous les biens, *sans exception*, qui le composaient, ont été réunis, ont fait retour immédiatement au Domaine de l'Etat.

Voilà le sort de l'apanage : commencé en 1661, terminé et clos le 9 août 1830.

Le second élément de la fortune de Louis-Philippe, c'était son *patrimoine*, non pas parce qu'il était prince, mais parce qu'il était Français comme un autre, citoyen, propriétaire; il l'eût été, indépendamment de sa qualité d'Altesse Royale. Cette partie de sa fortune se composait de biens qu'il avait recueillis dans la succession maternelle ; de biens qu'il avait acquis à la barre des tribunaux, dans la succession bénéficiaire de son père, et dont les créanciers de cette succession se sont partagé le prix. Enfin, il avait fait plusieurs autres acquisitions à titre onéreux. C'était là la seconde partie de sa fortune éminemment, exclusivement *patrimoniale*; il n'y en a pas qui soit plus patrimoniale que celle-là en France !

De quoi s'agit-il dans l'espèce ? Il s'agit, Messieurs, de deux Domaines.

Le domaine *de Neuilly* : quelle en est l'origine ? Il avait été acquis par Louis-Philippe, en grande partie avant 1830, pour le surplus depuis 1830.

Ainsi, daignez retenir ceci : dans le domaine de Neuilly, deux origines, deux dates. Pour la partie principale, acquisition antérieure à 1830, pour la partie secondaire, accessoire, acquisition postérieure à 1830.

Il s'agit ensuite du domaine *de Monceaux*, acquis, celui-là, avant 1830, non pas seulement par le duc d'Orléans, mais par le duc d'Orléans et sa sœur, madame Adelaïde, faisant cette acquisition en commun, et demeurant dans l'indivision, stipulant même l'indivision par une clause formelle.

Messieurs, les choses en étaient là, lorsque le 7 août 1830, il plut, je ne dis pas au roi des Français (il ne l'était pas encore), à son Altesse Royale le duc d'Orléans, père de famille, de disposer par donation entre vifs, au profit de ses enfants, non pas d'une propriété quelconque qui, de près ou de loin, se fût jamais rattachée à l'apanage d'Orléans, mais de ses propriétés patrimoniales, de celles qui lui appartenaient, indépendamment, je le répète, de sa qualité de prince français. La donation est parfaitement régulière, elle a toutes les conditions, toutes les conditions sacramentelles que la loi exige pour opérer la transmission de propriété à ce titre.

Deux jours après, le 9 août 1830, le duc d'Orléans devenait roi des Français. Ce changement d'état dans sa personne est constaté par un procès-verbal solennel dressé par les deux chambres réunies. Louis-Philippe entre comme duc d'Orléans, le procès-verbal constate qu'il sort comme roi des Français.

Il s'agissait, Messieurs, désormais de constituer la liste civile du nouveau règne ; c'était une des conditions prescrites par l'article 19 de la Charte modifiée. Cette Charte avait été proposée à l'acceptation de Louis-Philippe ; s'il acceptait les conditions qu'elle renfermait, il devenait roi des Français. Il avait accepté le 9 août. Le 9 août, le contrat s'était formé, pas plus tôt. Désormais la Charte devait s'exécuter, notamment en ce qui concernait la constitution de la liste civile.

On s'en occupa bientôt, en 1831 ; mais ce fut seulement le 2 mars 1832 que la loi sur la liste civile fut définitivement adoptée. Une question s'était élevée, celle de savoir si le roi des Français aurait un *domaine privé*; et, à cette occasion, on rappela l'une des règles de l'ancienne monarchie. Lorsque le prince royal arrivait à la couronne, il était de droit public en France que les biens qui lui appartenaient alors, vinssent se réunir aux biens du domaine de l'Etat. C'était, tous les publicistes nous l'enseignent, la conséquence de l'ancienne organisation politique de la France, du principe même de la légitimité, et lorsque Louis XIV disait : *l'Etat, c'est moi*, la parole pouvait paraître un peu orgueilleuse ; ce n'était, après tout, que l'expression vraie de l'état politique de la France. On ne pouvait pas comprendre la personne du Roi isolée de la personne morale de l'Etat ; le patrimoine de l'Etat, c'était le patrimoine du Roi, et réciproquement, le patrimoine du Roi ne pouvait être distinct de celui de l'Etat.

On s'est demandé s'il y avait place pour cet ancien principe dans l'organisation nouvelle, dans cette royauté créée à jour et à heure fixes, dans cette royauté exclusivement *contractuelle*, débattue entre les représentants de la nation et celui qu'ils appelaient au trône ; et on reconnut, on reconnut unanimement que ce serait un contre-sens que le domaine privé du Roi allât se réunir au domaine de l'État, que cette royauté constitutionnelle, à Liste civile, fût soumise à des principes qui n'avaient leur raison d'être et leur explication possible que dans une organisation tout à fait contraire aux institutions du pays.

Aussi, Messieurs, le débat sur ce point éclairé par les hommes les plus compétents, et entres autres par M. Dupin l'aîné, armé de sa science et de sa vigoureuse parole, le débat produisit, de tous les côtés des deux Chambres, cette conviction qu'il n'était pas possible, je ne dis pas de continuer, mais de ressusciter un ancien principe qui n'avait que faire dans l'organisation que l'on venait de décréter.

Et il y eut même ceci de remarquable, que ce furent les députés de l'opposition, M. *Eusèbe de Salverte*, par exemple, qui protestèrent contre des assimilations impossibles, et qui contribuèrent à faire reconnaître que cet ancien principe, lié à la légitimité même, serait impraticable, j'allais dire absurde, si on voulait l'appliquer à la royauté nouvelle et aux conditions dans lesquelles elle venait d'être fondée.

La loi de mars 1832 contint donc les dispositions suivantes :

« Art. 21. — En cas d'insuffisance du Domaine privé, les
« dotations des fils puînés du roi et des princesses ses filles,
« seront réglées ultérieurement par des lois spéciales.

« Art. 22 — Le roi conservera la propriété des biens qui
« lui appartenaient avant son avènement au trône : ces biens
« et ceux qu'il acquerra à titre gratuit ou onéreux pendant son
« règne, composeront son Domaine privé.

« Art. 23. — Le roi peut disposer de son Domaine privé,
« soit par actes entre vifs, soit par testament, sans être assu-
« jetti aux règles du Code civil qui limite la quotité disponible.

« Art. 24. — Les propriétés du Domaine privé seront, sauf
« l'exception portée à l'article précédent, soumises à toutes les
« lois qui régissent les autres propriétés. Elles seront cadas-
« trées et imposées. »

Voilà, Messieurs, le contrat consommé, la royauté acceptée,
les conditions définitivement règlées. L'exécution a été confor-
me, et dans l'intervalle de 1830 à 1848, sept contrats de mariage sont intervenus, tous sur la foi de la donation et de la
légitimité de ce patrimoine dans les mains des enfants du père
de famille.

Voici comment s'exprime le premier, celui de S. M. la reine
des Belges, à la date du 28 juillet 1832 :

« S. A. R. apporte audit mariage tous les droits de proprié-
« té qui lui sont acquis et qui lui appartiennent en vertu de la
« donation paternelle à elle faite par acte du 7 août 1830, ainsi
« que tous les droits qui lui appartiennent ou pourront lui ap-
« partenir à tout autre titre et de quelque nature qu'ils soient. »

On retrouve exactement la même stipulation dans les conventions matrimoniales :

Du prince Alexandre, duc de Wurtemberg, et de la princesse Marie d'Orléans;

De M. le duc de Nemours et de la princesse Victoire de Saxe-
Cobourg Gotha;

De S. A. S. le prince Auguste-Louis-Victoire de Saxe-Cobourg-Gotha, et de madame la princesse Clémentine d'Orléans;

Du prince de Joinville et de la princesse Doña Françoise,
fille de S. M. Don Pedro, et sœur de l'empereur actuel du Bré-
sil;

Du duc d'Aumale et de S. A. R. madame la princesse Marie-Caroline-Auguste des Deux-Siciles;

Du duc de Montpensier et de S. A. R. la princesse Marie-Louise-Ferdinande, infante d'Espagne.

Par ces mêmes conventions, *le douaire des princesses* est garanti par l'hypothèque légale de la princesse future épouse sur les biens immeubles compris dans la donation du 7 août.

Ajoutons que ce ne sont pas là seulement des actes authentiques, dans le sens ordinaire du mot, mais qu'ils ont, en outre, le caractère et l'autorité de conventions internationales.

Ce n'est pas tout. Des ventes de biens provenant de la donation ont été faites, soit à l'amiable, soit aux enchères, à soixante-deux familles différentes, qui en ont pris possession depuis longtemps. Pour quelle somme? Pour la somme de 9,622,162 fr. Je n'ai pas besoin de parler ensuite des dispositions secondaires, des baux, des constructions, des impenses de toute nature, etc., etc.

Voilà, Messieurs, à l'égard de la propriété et de la disposition de ces biens, ce qui s'est accompli de principal, de plus remarquable de 1830 à 1848.

Nous arrivons à la révolution de 1848.

Cette révolution eut sur la Liste civile du roi des Français l'effet immédiat qu'avait produit la révolution de 1830 sur l'apanage du duc d'Orléans, c'est-à-dire que la Liste civile fut anéantie par la révolution. Restait le domaine privé. Les princes d'Orléans en étaient propriétaires ; la nation pouvait-elle leur en contester la propriété? Cette donation du 7 août 1830 était-elle un titre fragile? Est-ce qu'on avait fait *fraude* aux droits de la Nation? En 1848, elle avait des représentants qui n'étaient pas, je pense, suspects de partialité en faveur du trône qu'ils venaient de renverser. Eh bien! disons-le à l'honneur de la révolution de 1848 et de son gouvernement provisoire, jamais cette mauvaise pensée n'osa se produire; ou, si elle tenta quelqu'esprit malveillant, elle fut à l'instant même repoussée par toutes les consciences honnêtes.

Le Domaine privé, à plus forte raison la propriété des

princes d'Orléans, cela est mis hors de toute espèce d'atteinte ;
seulement, un séquestre qui, en restreignant l'exercice du
droit de propriété, n'est, après tout, qu'un hommage au droit
lui-même.

Il y avait des créanciers nombreux. Ce roi qu'on avait ac-
cusé de thésauriser, même à l'étranger, il avait quitté le sol
français sans même pouvoir payer la voiture qui l'emmenait
en exil; il avait quitté le sol français laissant derrière lui plus
de trente millions de dettes, dont on retrouve l'emploi dans
nos propriétés nationales.

Encore une fois, il faut que justice soit rendue à tous quand
l'occasion s'en présente ; vous me permettrez, Messieurs, c'est
d'ailleurs la cause, l'histoire du procès, de faire passer sous vos
yeux les actes administratifs ou législatifs qui se rattachent à
la période que j'examine en ce moment.

Ainsi, le 26 février 1848, le surlendemain de la révolution,
le Gouvernement provisoire dispose :

« Article premier. — Tous les biens meubles et immeubles
« désignés sous le nom de biens de la Liste civile, feront re-
« tour au domaine de l'Etat. »   .

C'est parfaitement juste. La Liste civile avait fini avec la
royauté.

« Article 2. — Les biens désignés sous le nom de *domaine*
« *privé*, tant de ceux de l'ex-roi, que de ceux des membres
« de l'ex-famille royale, meubles et immeubles, seront admi-
« nistrés sous le séquestre, sans préjudice des droits de l'Etat
« et des droits des tiers, auxquels il sera pourvu..... »

Plus tard, le 3 mars 1848, M. Garnier-Pagès, alors ministre des finances, présenta l'exposé de la situation financière
de la République, le bilan en quelque sorte actif et passif, les
charges et les ressources. Je lis ce qui suit dans son rapport
officiel :

« *Domaine de l'ancienne Liste civile.*

« Aux termes du décret que vous avez rendu..... les biens

« de l'ancienne Liste civile ont fait retour au domaine de
« l'Etat. . . . .

« Il est entendu que le domaine dit *privé*..... reste provi-
« soirement sous le séquestre à la disposition de l'Assemblée
« Nationale...... »

Plusieurs mois s'écoulent, et, tout à coup, le 5 juillet 1848,
un membre de l'Assemblée, usant de son droit d'initiative,
propose *de déclarer acquis au domaine de l'Etat les biens
composant le domaine privé de l'ex-roi Louis-Philippe*,
par application de l'ancien principe de dévolution, et nonobstant la donation du 7 août 1830, qu'il considérait comme faite
en fraude des droits de l'Etat.

C'était *identiquement* le même système que nous retrouve-
rons tout à l'heure dans le décret du 22 janvier 1852.

La question devait être sérieusement examinée ; elle fut
renvoyée au comité des finances, qui, après un examen approfondi, chargea du rapport un homme que je ne peux pas
louer, il est à côté de moi, mais que vous auriez à l'instant
reconnu à l'élévation de la pensée et à la noblesse du lan-
lage, un de ces hommes rares à l'époque où nous vivons, qui
font toujours passer les droits de la vérité et de la justice
avant les intérêts de l'opinion politique. Vous ne me pardon-
neriez pas, Messieurs, de ne pas saisir cette heureuse occasion
de replacer sous vos yeux quelques-unes de ces bonnes et nobles paroles qui consolent de tant d'angoisses et de sourdes
douleurs.

Voici donc comment s'exprimait M. BERRYER dans son
rapport du 10 octobre 1848, en repoussant la proposition et
en réfutant ainsi à l'avance les erreurs et les sophismes dont
nous aurons à faire une dernière fois justice, si l'on essaie de
les reproduire devant vous sur le fond même du procès :

« Dans la première séance du Comité où cette proposition
« fut discutée, quelques membres en demandèrent l'ajourne-
« ment, craignant que les graves questions qu'elle soulève ne
« rencontrassent trop d'esprits prévenus et trop de dispositions
« passionnées. La majorité de votre Comité pensa, au contraire,

« que le devoir et le besoin d'être juste, que le respect du
« droit, imposeraient silence aux ressentiments et aux pas-
« sions politiques; qu'enfin, dans les premiers temps de la
« République, en présence de théories téméraires ou coupables
« qui inquiètent et menacent les droits fondamentaux de la
« société, il fallait saisir toute occasion solennelle de poser
« avec calme et fermeté les principes du Gouvernement de la
« France et les règles de modération et de justice que l'As-
« semblée Constituante veut proclamer au nom de la nation.

. . . .

. . . .

« Nous devons vous faire remarquer qu'il ne s'agit ici que
« des biens propres et patrimoniaux, advenus à la maison
« d'Orléans par successions ou acquisitions.

« La donation entre vifs du 7 août ne dispose d'aucuns des
« biens qui ont fait partie de l'apanage constitué par Louis XIV
« en faveur de son frère, conformément à l'édit de 1661, à la
« déclaration de 1672 et aux lettres patentes de 1692.

. . . .

« A l'époque du 9 août 1830, tous ces biens dépendants de
« l'apanage ont fait retour au domaine de l'Etat; et plus tard
« ces mêmes biens ayant été réunis, par l'article 4 de la loi du
« 2 mars 1832, à la dotation immobilière de la Liste civile,
« en ce moment ils ont de nouveau fait retour au domaine pu-
« blic, en vertu du décret du Gouvernement provisoire qui a
« fait rentrer dans le domaine de l'Etat tous les biens dépen-
« dants de la dotation de la Liste civile.

« C'est donc exclusivement et spécialement à l'égard des
« biens propres et patrimoniaux de la maison d'Orléans, que
« l'auteur de la proposition revendique l'application des prin-
« cipes du droit de réunion.

« C'était, en effet, une maxime de l'ancienne monarchie,
« maxime consacrée depuis plusieurs siècles, et notamment
« par l'édit de 1607, « que les biens possédés par les rois avant
« leur avènement à la couronne s'unissent au domaine dans
« l'instant. » Mais il importe de bien connaître l'origine de

« cette dévolution, et d'en discerner le principe pour en faire
« une saine et légitime application.

« Par le saint et politique mariage, disaient les juriscon-
« sultes, par le saint et politique mariage entre nos rois et leur
« couronne, les seigneuries qui leur appartiennent particuliè-
« rement, sont censées, par même moyen, appartenir au
« royaume. »

« La loi de dévolution était une conséquence de la loi de
« successibilité au trône.

. . . .

« Mais n'est-ce pas confondre et les temps, et les principes,
« et leurs conséquences légales, que d'appliquer ces maximes
« de l'ancien régime français au gouvernement fondé en 1830 ?
« La Chambre des Députés proclamant alors, au nom du peu-
« ple, des droits inaliénables, invoquant et la nécessité des
« circonstances, et l'intérêt momentané de la nation, constitua
« sur ces bases une royauté nouvelle, soumise évidemment par
« son principe même, à tous les changements de la volonté
« nationale.

« Ainsi était écartée de notre droit politique la doctrine de
« l'inadmissibilité du droit à la couronne, et avec elle dispa-
« raissait la règle de la dévolution nécessaire des biens per-
» sonnels du prince à l'Etat et de leur union au domaine pu-
« blic.

« C'est dans ce nouvel ordre d'idées que fut conçue la loi
« du 2 mars 1832, qui régla l'établissement de la nouvelle
« Liste civile ; des principes contraires à ceux de l'ancien droit
« furent adoptés et consacrés en ces termes, par l'art. 22 de
« cette loi : « Le roi conservera la propriété des biens qui lui
« appartenaient avant son avènement au trône ; ces biens et
« ceux qu'il acquerra à titre gratuit ou onéreux, pendant son
« règne, composeront son domaine privé. »

« . . . .

« Mais, a dit l'auteur de la proposition qui nous occupe,
« cette loi même a fait fraude au domaine, le vote des Cham-

« bres ne fut pas libre, la délibération fut influencée par l'as-
« cendant de la volonté royale.

« Votre Comité n'a point pensé que de telles objections fus-
« sent sérieuses. Si de pareils arguments étaient accueillis
« contre une loi votée dans les formes constitutionnelles, tous
« l es droits réglés par la législation pourraient, à chaque chan-
« gement de Gouvernement, être remis en question. et, sur
« toutes les matières, il faudrait attribuer un effet rétroactif
« aux décisions législatives de tout pouvoir nouveau. D'ail-
« leurs, il n'est pas exact de dire que la disposition de l'art 22,
« ait été dictée par des volontés royales ou des complaisan-
« ces ministérielles; ce fut un des orateurs les plus ardents
« et les plus persévérants de l'opposition, M. Eusèbe Salverte,
« qui proposa cette rédaction; son amendement, adopté par
« l'Assemblée, est devenu textuellement l'art. 22 dont nous
« venons d'avoir l'honneur de vous donner lecture.

« Il ne faut pas oublier que, par une juste déduction du
« principe, cet article fit écrire dans la même loi : qu'il ne se-
« rait pas constitué de dotation pour les fils puînés et les filles
« du roi, qu'en cas d'insuffisance du domaine privé. De cette
« disposition légale, et du fait de la donation du 7 août 1830,
« s'élevèrent p'us tard les objections les plus sérieuses et les
« mieux fondées contre les demandes de dotations princières,
« qui furent vainement présentées aux deux Chambres à di-
« verses reprises.

« Enfin la loi de 1832 n'existât-elle pas, la donation du 7
« août n'en serait pas moins un contrat librement consenti à
« une époque où son auteur n'était pas enchaîné, quant à
« la disposition de ses biens, par aucun lien de notre droit
« public. Jusqu'au jour où il a accepté le pacte révocable
« qui s'est formé entre lui et la Chambre des Députés, le
« prince, comme propriétaire, n'était assujetti, ainsi que tous
« les citoyens français; qu'aux règles du droit commun. Il est
« monté au trône sous la foi de la validité de l'acte qu'il avait
« pu faire à son gré, en faveur de ses enfants. L'évènement
« qui l'en a fait descendre et qui en a éloigné sa famille, en fon-

« dant la République, justifie toutes les prévisions de la dona-
« tion. Loin de rechercher dans les circonstances présentes
« une occasion d'annuler un tel acte, la justice, la bonne foi,
« la dignité nationale doivent l'entourer d'un respect plus sé-
« vère. *Désormais les donataires de la nue-propriété des
« biens patrimoniaux de la maison d'Orléans n'en peuvent
« être dépossédés que par une violation manifeste du con-
« trat; déclarer ces biens acquis à l'Etat, ce serait consacrer
« une atteinte violente au droit de propriété, ce serait pro-
« noncer une confiscation arbitraire.*

« La confiscation est rayée de nos codes, elle ne doit plus
« y reparaître.

« Le principe de la confiscation est contraire aux règles
« fondamentales de notre législation. Confisquer, ce n'est
« point infliger une peine personnelle, c'est frapper la descen-
« dance d'un châtiment immérité. Rétablie sous le faux pré-
« texte de la raison d'Etat et de l'intérêt politique, la
« confiscation ne sera pour l'ordre et la paix publique qu'une
« vaine et funeste ressource. Toute iniquité se trahit elle-
« même; le temps combat pour les droits violés; et l'expé-
« rience des révolutions nous doit enseigner qu'on ne saurait
« sauver ni le pouvoir, ni la liberté par l'injustice.

« Qu'il s'agisse d'un monarque ou d'un simple particulier,
« que la spoliation atteigne des palais ou des chaumières, de
« modestes champs ou de vastes domaines, il n'importe ! le
« mal est le même, et ce mal est contagieux. En nos jours,
« plus qu'en aucun temps, l'envahissement de la propriété,
« l'oubli des droits, le mépris des contrats, seraient des exemples
« pleins de périls pour la sécurité de toutes les conditions
« sociales; *et tout Gouvernement doit être convaincu que
« sa dignité, sa force, son influence sur les intérêts de tous,
« seront jugées et mesurées dans l'esprit des peuples, par
« le respect qu'il saura garder pour le droit, la justice et
« l'honnêteté publique.* »

Voilà bien l'honnête homme, et le puissant jurisconsulte tout
à la fois!

Qu'est devenue, sous ce foudroyant rapport, la proposition adressée à l'Assemblée Constituante ? Assurément, elle était l'œuvre d'un homme à qui les luttes de la tribune étaient familières, et dont le talent l'aurait énergiquement défendue, si la question était seulemment restée douteuse.

Eh bien ! non, dans cette Assemblée républicaine de neuf cents membres, il ne s'en est pas trouvé un seul, un seul, entendez-vous, qui ait eu assez de courage pour relever, pour galvaniser cette proposition ! (*Bravo! bravo!*)

M. Le Président Debelleyme: faites faire silence. Je ferai évacuer à l'instant même, si on donne des signes soit d'improbation, soit d'approbation. Je ne le dis qu'une fois, ce sera exécuté à la seconde.

Me Paillet continuant : c'en était donc fait de la proposition.

Elle fut remplacée, conformément au même rapport, par un décret conçu dans une pensée toute contraire, (25 octobre 1848).

Tout ceci est de l'histoire, Messieurs, mais elle a reçu depuis quelque temps de tels outrages, qu'on ne saurait trop remettre sous les yeux de tous son texte officiel.

Décret relatif à la liquidation des dettes de l'ancienne Liste civile et du Domaine privé.

« Article premier.—Le Ministre des finances est autorisé à
« prendre les mesures administratives qu'il jugera convena-
« bles pour opérer l'entière liquidation des dettes de l'ancienne
« Liste civile et *du Domaine privé*, soit envers l'Etat, soit
« envers les particuliers, sauf le recours des ayant-droit de-
« vant les juridictions compétentes, conformément aux règles
« du droit commun.

« Le liquidateur général sera nommé par arrêté du chef du
« pouvoir exécutif.

« Art. 2. — Les créanciers devront, dans les trois mois de

« la promulgation du présent décret, adresser leurs demandes
« et produire leurs titres au liquidateur général.

« Jusqu'au 31 décembre 1849, il ne pourra être intenté
« d'action ni exercé de poursuites sur les biens séquestrés.

« Art. 3. — Le liquidateur général pourra, dans l'intérêt de
« la liquidation, stipuler toutes hypothèques et prendre toutes
« inscriptions sur les biens compris dans le séquestre, en son
« nom, pour la masse des créanciers.

« Dans le cas où, pour activer la liquidation, un emprunt
» sera jugé nécessaire, il sera négocié *par les mandataires*
« *des propriétaires*, avec le concours du liquidateur général,
« et sous l'autorisation du Ministre des finances.

« Le Ministre des finances est autorisé à consentir que les
« hypothèques et inscriptions qui seront prises, en vertu du
« présent article, au profit de l'État, soient primées par celles
« au profit des prêteurs et des créanciers.

« L'intérêt des sommes empruntées pourra être stipulé à
« un taux supérieur à 5 pour 100, avec ou sans commis-
« sion.

Art. 4. — Le Ministre des finances est autorisé à remettre
« aux divers membres de la famille d'Orléans les biens dotaux,
« douaires et valeurs mobilières, ainsi que les objets à leur
« usage personnel.

« Art. 5. — Le conseil des Ministres fixera une provision sur
« les revenus annuels pour chacun des propriétaires.

« Art. 6. — Même après l'emprunt contracté et les inscrip-
« tions prises, le Ministre des finances conservera la haute sur-
« veillance sur la régie et l'administration *des mandataires*
« *des propriétaires*, et ceux-ci ne pourront ni vendre, ni re-
« nouveler les baux, ni faire aucune coupe de bois extraordi-
« naire qu'avec le concours du liquidateur général et l'autori-
« sation du Ministre.

« Art. 7. — Dans tous les cas, les sommes provenant d'em-
« prunts, de ventes et de recouvrement quelconque, même
« des revenus, seront déposées à la caisse des consignations.

« Aucune des sommes ainsi déposées ne pourra être délivrée
« aux ayant-droit que sur mandat du liquidateur général.

« Art, 8. — Les dispositions des art. 4, 5, 6 et 7 du pré-
« sent décret sont applicables aux biens particuliers de M. le
« duc d'Aumale et de M. le prince de Joinville.

« La surveillance de l'administration des biens de M. le duc
« d'Aumale sera confiée à un commissaire spécial nommé par
« le chef du pouvoir exécutif.

« Art. 9.—L'art. 3 du décret du 26 février, les décrets des
« 5 et 12 mars, et le décret du 15 avril 1848, relatifs à la liqui-
« dation de la Liste civile et du domaine privé, sont abrogés.

Ainsi, mesures provisoires, mesures temporaires, mesures
tutélaires pour tous, pour les propriétaires, pour les créanciers : voilà comment se résume ce décret qui était le digne
couronnement du rapport dont quelques pages viennent d'être
mises sous vos yeux.

Ce n'est pas la seule fois que le législateur ait eu à s'occuper,
depuis la révolution de 1848, du sort du Domaine privé, et
sous ce mot, domaine privé, je comprends les biens patrimoniaux entrés dans la donation du 7 août, et les biens du Domaine privé, proprement dit, créé par acquisitions successives
depuis l'avènement à la couronne.

Le 4 février 1850, ceci devient curieux, l'Assemblée Législative est saisie d'un projet de décret.

De quoi s'agissait-il? on était toujours sous le régime tem-
poraire institué par le décret du 25 octobre 1848. La liquidation avait été confiée à un homme bien digne, à tous égards,
de cette importante mission.

M. Vavin, grâces lui en soient publiquement rendues, s'en
est acquitté avec le zèle, le dévouement et le succès qu'on devait attendre de son caractère et de son expérience.

Mais enfin, il y avait là un système de mesures qui, bien
qu'inspirées par les meilleures intentions, et dans la vue de
sauvegarder et de concilier tous les intérêts légitimes, s'écar-
taient pourtant du droit commun.

Cet état de choses devait-il durer ?

La Commission de l'Assemblée législative fut d'avis que bien que les choses eussent marché à la satisfaction de tous, et avec la rapidité que comportaient des opérations de cette nature, cependant, il n'était pas possible de voir encore assez clairement le terme probable de la liquidation, et qu'en conséquence il y avait lieu de maintenir, d'une part, le sursis aux poursuites des créanciers contre le patrimoine du débiteur, d'autre part, le séquestre des biens soumis à la liquidation.

La Commission rencontra, cette fois, un contradicteur, non pas pour aggraver la condition des propriétaires, et encore moins pour méconnaître leurs droits sacrés.

Loin de là. Il s'agissait d'une proposition dictée par un sentiment bien contraire. Par qui fut-elle faite ? Je le nomme, car c'était une bonne action. Elle le fut par l'honorable *M. Achille Fould*, Ministre des finances, qui demanda au nom du Gouvernement et particulièrement de M. le Président de la République, que le séquestre ne fut maintenu que pour un temps déterminé et dans les limites les plus étroites.

M. Fould, donc, à la date du 4 février 1850 s'exprimait ainsi :

« La Commission vous demande de décider que M. le prince
« de Joinville et M. le duc d'Aumale rentreront dès aujourd'hui
« dans la libre disposition de leur fortune particulière, en lais-
« sant sous la main de l'Etat, d'une manière indéfinie, les
« biens composant le domaine privé.

« La Commission, entrant dans cette voie, a-t-elle fait, par
« la solution incomplète qu'elle vous propose, tout ce que la
« justice exige et tout ce que les circonstances peuvent com-
« porter ?

« Nous ne le pensons pas.

« Le Gouvernement, préoccupé de cette question, et con-
« sultant l'état actuel du pays, avait reconnu la possibilité
« d'une solution plus libérale. Il serait venu prochainement
« vous soumettre ses résolutions ; mais puisque l'occasion nous
« en est fournie, nous n'avons aucun motif pour tarder davan-

« tage à vous communiquer toute la pensée du Président de la
« République et du cabinet.

« Le décret du 25 octobre 1848 a placé à la fois hors du
« droit commun, quant à leurs intérêts civils, Louis-Philippe,
« sa famille et ses créanciers.

« Dans l'esprit de la loi, cette position exceptionnelle, com-
« mandée par des circonstances extraordinaires et les exi-
« gences du moment, avait un caractère essentiellement tran-
« sitoire ; *il ne pouvait entrer dans la pensée équitable et gé-*
« *néreuse du Président de la République de la prolonger*
« *au-delà du terme rigoureusement nécessaire.*

« A l'égard des princes, nous partageons l'avis de la Com-
« mission : la liquidation de leurs affaires, complètement
« étrangère au Trésor, n'offre ni complication, ni embarras.
« Il est de la dignité de la République de replacer immédiate-
« ment leurs intérêts purement privés sous l'empire de la loi
« ordinaire. Ils continueront à prouver à la France, nous en
« sommes convaincus, qu'elle a raison de compter sur leur
« loyauté, et qu'elle a pu se montrer envers eux, sans impru-
« dence, bienveillante et juste. »

En conséquence, l'Assemblée Législative dit : Voilà un ministre des finances qui est l'organe des plus nobles sentiments ;
il est impossible de ne pas l'entourer à l'instant et de sympa-
thie et d'une adhésion générale. Aussi la Commission cette
fois vit son œuvre modifiée ; elle ne le regretta pas, elle s'y
prêta même avec empressement.

Voici donc la loi qui sortit de ce loyal concours de toutes
les volontés (4 février 1850).

« Article premier. — L'interdiction prononcée par le para-
« graphe 2 de l'article 2 du décret du 25 octobre 1848, relatif
« à la liquidation de l'ancienne Liste civile, est prorogée jus-
« qu'au 1er août 1850.

« A cette époque, le séquestre mis sur les biens du domaine
« privé sera levé.

« Les lois et décrets antérieurs à la présente loi cesseront

« d'avoir leur effet en ce qu'ils auraient de contraire à cette
« disposition.

« 2. — L'article 8 du décret du 25 octobre 1848, et toutes
« autres dispositions concernant les biens particuliers de M. le
« prince de Joinville et de M. le duc d'Aumale, qui ne sont
« pas compris dans la donation du 7 août 1830, sont abrogés.

« 3. — Les débiteurs et le liquidateur général sont autori-
« sés à emprunter, s'ils le jugent convenable, par adjudica-
« tion, avec publicité et concurrence, suivant le mode adopté
« pour l'emprunt de la ville de Paris, conformément au décret
« du 24 août 1848, ou suivant tel autre mode adopté dans
« les emprunts publics, des sommes qui pourront s'élever
« jusqu'à vingt millions de francs. »

Ainsi, grand et solennel hommage une fois de plus au droit
de propriété, dans la personne de nos clients, et sur l'initiative
du Gouvernement lui-même, agissant et parlant au nom de
M. le Président de la République, lui reportant même expressément l'honneur de cette initiative. Voyons ce qui a suivi.

On s'occupe de l'emprunt de vingt millions, jugé neces-
saire pour achever promptement la liquidation. Il est négocié,
convenu ; l'acte en est dressé devant notaires, le 25 août 1850,
l'hypothèque est constituée. Enfin, M. le Ministre des finances
y intervient en ces termes :

« *De son côté, M. le Ministre des finances déclare auto-*
« *riser ces conventions.*

« *De plus, et en vertu des pouvoirs que lui confère le décret*
« *du 25 octobre 1848, M. le Ministre des finances consent*
« *à ce que les inscriptions prises au profit de l'Etat soient*
« *primées par celles qui seront formées en vertu des pré-*
« *sentes.*

« Par suite, le Comptoir national et les créanciers qui au-
« ront concouru à l'emprunt seront, dans tous ordres et dis-
« tributions, colloqués par préférence à l'Etat. »

Grâce à cet emprunt, la liquidation a été immédiatement
terminée, à la satisfaction de tous, et avec les intérêts alloués

d'office, par l'ordre formel des débiteurs, à ceux des créanciers qui n'auraient pas pu légalement les réclamer.

Voilà comment il convenait à cette noble famille qu'une telle affaire se terminât.

Tel était le dernier état des choses, lorsque s'accomplirent les évènements du 2 décembre 1851. Un plébiscite, vous le savez, fut proposé par le Président de la République au suffrage universel : une immense majorité a répondu affirmativement à l'interpellation du chef de l'État.

Le Président de la République était chargé par cette sorte de blanc-seing de faire une constitution nouvelle. Il l'a faite, elle a été promulguée le 14 janvier 1852. J'aurai occasion d'y revenir dans un instant. Assurément, à travers ces vicissitudes politiques, la famille d'Orléans ne pouvait conserver la plus légère inquiétude sur ses intérêts privés, sur l'inviolabilité d'un patrimoinetant de fois et si formellement consacré.

Cependant, le 23 janvier, apparaissent dans le *Moniteur* deux décrets datés de la veille. Il importe de les bien distinguer ; car il en est un, le premier, qui est tout-à-fait en dehors du débat, c'est celui qui, par des raisons politiques nettement déduites, enjoint à la famille d'Orléans de vendre, dans un délai déterminé, les propriétés qui lui appartiennent en France, moins, bien entendu, les propriétés procédant de la donation du 7 août 1830, qui allaient devenir l'objet du second décret.

Voici, au surplus, le premier décret :

« Le Président de la République,

« Considérant que tous les gouvernements qui se sont succédé ont jugé indispensable d'obliger la famille qui cessait de « régner à vendre les biens meubles et immeubles qu'elle « possédait en France;

« Qu'ainsi, le 12 janvier 1816, *Louis XVIII* contraignit les « membres de la famille de l'Empereur *Napoléon* de vendre « leurs biens personnels dans le délai de six mois, et que, le « le 10 avril 1832, *Louis-Philippe* en agit de même à l'égard « des princes de la famille des *Bourbons* ;

« Considérant que de pareilles mesures sont toujours d'ordre
« et d'intérêt publics;

« Qu'aujourd'hui plus que jamais de hautes considérations
« politiques commandent impérieusement de diminuer l'in-
« fluence que donne à la famille d'*Orléans* la possession de près
« de trois cents millions d'immeubles en France ;

« Décrète :

« Article premier. — Les membres de la famille d'*Orléans*,
« leurs époux, épouses et leurs descendants, ne pourront pos-
« séder aucuns meubles et immeubles en France : ils seront
« tenus de vendre, d'une manière définitive, tous les biens qui
« leur appartiennent dans l'étendue du territoire de la Répu-
« blique.

« 2. — Cette vente sera effectuée dans le délai d'un an, à
« partir, pour les biens libres, du jour de la promulgation du
« présent décret, et, pour les biens susceptibles de liquidation
« ou discussion, à partir de l'époque à laquelle la propriété en
« aura été irrévocablement fixée sur leur tête.

« 3. — Faute d'avoir effectué la vente dans les délais ci-
« dessus, il y sera procédé à la diligence de l'administration
« des domaines, dans la forme prescrite par la loi du 10 avril
« 1832.

« Le prix des ventes sera remis aux propriétaires ou à tous
« autres ayant-droit. »

Passons au second décret, — dont nous aurons à examiner
le caractère et la portée au point de vue de votre compétence.
— Je ne lis pas *in extenso* ; le texte en est sous vos yeux ; je
me borne à vous en signaler, dès à présent, quelques passages
plus particulièrement nécessaires pour la discussion :

« Considérant que, *sans vouloir porter atteinte a   roit de
« propriété dans la personne des princes de la fa   ille d'Or-
« léans*, le Président de la République ne justifier   pas la con-
« fiance du Peuple français s'il permettait que   s biens qui
« doivent appartenir à la nation soient soustrait   u domaine
« de l'État ;

« Considérant que, d'après l'ancien droit public de la
« France, maintenu par le décret du 21 septembre 1790 et par
« la loi du 8 novembre 1814, tous les biens qui appartenaient
« aux princes lors de leur avènement au trône étaient de plein
« droit et à l'instant même réunis au domaine de la couronne. »

Le décret vise ensuite les lois du 21 septembre 1790, 8 novembre 1814, et 15 janvier 1825, se rattachant aux règnes de
Louis XVI, de Louis XVIII et de Charles X.

Il en conclut que le patrimoine du duc d'Orléans est *devenu
célui de l'Etat* par son avènement à la Couronne; que la donation du 7 août 1830, a eu pour objet *d'éluder* l'ancien principe de la dévolution, qu'elle constitue *une fraude à une loi
d'ordre public* ; qu'il importe peu que le duc d'Orléans n'ait
accepté la Couronne que deux jours après; qu'à l'égard de la
loi du 2 mars 1832, elle a *été dictée dans un intérêt privé
par les entraînements d'une politique de circonstance*; et que,
d'ailleurs, *les droits de l'Etat ainsi revendiqués, il reste à la
famille d'Orléans plus de cent millions, avec lesquels elle
peut soutenir son rang à l'étranger.*

En conséquence :

« Article premier. — Les biens meubles et immeubles qui
« sont l'objet de la donation faite, le 7 août 1830, par le roi
« *Louis-Philippe*, sont restitués au Domaine de l'Etat. »

« Dans ses articles subséquents, le décret ordonne entre au-
« tres choses, que les biens faisant retour à l'Etat, en vertu
« de l'article premier, seront vendus, en partie, à la diligence
« de l'administration des Domaines; » et il en distribue même
par avance le prix, sur lequel cinq millions sont destinés à
établir une caisse de retraites au profit des desservants les
plus pauvres.

Vient ensuite la « dotation de la Légion-d'Honneur, » qui
consistera dans la partie des immeubles exceptés de la vente,
etc., etc.

Voilà le décret; il a été longtemps sans recevoir aucune
exécution; inaction complète de la part du domaine, pris au

dépourvu, peut-être, par la révélation d'un droit de propriété que rien jusque là ne lui avait fait soupçonner.

Enfin on est sorti de cette inaction le 27 mars 1852, au bruit d'un nouveau décret, qui, entre autres dispositions, ordonne la vente, à la diligence de l'administration des domaines, de certaines propriétés comprises (pour partie seulement) dans la donation du 7 août 1830.

Parmi ces propriétés, ainsi désignées à l'administration pour la vente, se trouvaient celles de NEUILLY et de MONCEAUX. Plusieurs jours s'écoulent encore. Enfin, le 10 avril, les agents du Domaine se présentent à Neuilly et à Monceaux; on les reçoit très-poliment, c'était l'usage; on ne savait ce qu'ils venaient faire. Quand ils ont révélé leur qualité, et leurs prétentions, on les engage à sortir. Ils se sont retirés, ils sont revenus en force, et ils ont pris possession *manu militari*, des lieux dont l'accès leur était refusé au nom de ceux qui persistent à s'en croire légitimes et exclusifs propriétaires.

Dans cet état de choses, la famille d'Orléans a porté devant vous la demande dont vous êtes saisis.

Le Domaine défendeur n'a pas constitué d'avoué. Mais, M. le préfet de la Seine est intervenu pour présenter, au nom de l'État, le déclinatoire sur lequel il s'agit maintenant de statuer. — On vous propose donc, *in limine litis*, de proclamer votre incompétence, de vous dessaisir absolument, radicalement. Voyons cela, voyons-le de près, comme il convient à votre indépendance et à celle de mon ministère, — et avant tout, fixons-nous bien sur la nature de l'action, sur son objet, sur les qualités des demandeurs.

Il s'agit de la revendication de *Neuilly* et de *Monceaux*, au double point de vue de la propriété et de la possession.

Les qualités des demandeurs?

1° Pour la partie de Neuilly acquise avant 1830, par le duc d'Orléans, leur père, ils fondent leur droit à la propriété, sur la donation entre-vifs du 7 août 1830, revêtue de toutes les formalités légales.

Subsidiairement, ils se prévalent de la prescription résultant d'une possession deux fois décennale, avec titre et bonne foi.

Et pour la partie de Neuilly acquise par le roi, leur père, depuis 1830, ils agissent en leur qualité d'héritiers.

2° Pour la moitié de Monceaux, ils excipent encore et de la donation du 7 aout et subsidiairement de la prescription de dix ans.

Et pour l'autre moitié, elle leur appartient en leur qualité d'héritiers de leur tante, Madame Adélaïde, morte le 31 décembre 1847.

On a vu, en effet, que le fait de l'indivision résultait non-seulement de l'acquisition en commun par le frère et la sœur, mais même d'une stipulation expresse, comme si l'on eût voulu lui donner un caractère plus fraternel encore. Cette indivision est, d'ailleurs, formellement énoncée dans la donation.

Tous ces titres, droits et qualités reconnus et consacrés en outre par les lois des 2 mars 1832, 25 octobre 1848, et 4 février 1850.

Ceci bien entendu, sommes-nous devant des juges compétents?

Voyons, Monsieur le préfet; le tribunal, dites-vous, n'est pas compétent. Pourquoi cela, s'il vous plait? Est-ce à raison de la ture de l'action? Mais c'est une question de propriété, d'appréciation de titres, de validité ou de nullité de donation; c'est une question de possession, de prescription, c'est une question d'hérédité.

Messieurs, il faut quitter vos sièges; car vous n'avez plus d'attributions, si ceci n'est pas, d'une manière absolue, exclusive, essentielle, dans vos attributions seules. Est-ce que j'ai besoin de venir apporter sur cette barre des textes justificatifs de cette proposition que, s'agissant de propriété privée, de donation, d'hérédité, de prescription, vous êtes nos juges et nos seuls juges? Qu'il n'y a personne au monde, si haut qu'il soit placé, qui ait le droit, je ne dis pas de s'approprier, mais de partager ces fonctions avec vous. Est-ce, par hasard, parce que nous aurions l'État pour adversaire, pour contradicteur ?......

Non, le niveau de l'égalité a passé sur toutes les têtes, même sur celle de l'État. L'État, quand il s'agit de questions de propriété, qu'il soit demandeur, défendeur, intervenant, il faut tout simplement qu'il vienne ici expliquer sa prétention ; et puis, vous le jugez comme tout autre plaideur. Vous ne lui demandez pas, comme jadis au roi, d'avoir *deux fois raison* pour gagner son procès. Mais du moins, faut-il qu'il n'ait pas tort. Autrement il perd son procès comme le plaideur le plus vulgaire. Cela est vrai, juste, élémentaire sous tous les régimes, régime monarchique, régime républicain et régime innommé. (*Sensation.*)

Aussi, retrouvez-vous, dans nos Codes, des applications fréquentes de ce principe d'égalité devant la loi et les tribunaux, à l'État propriétaire ou plaideur. Voyez, par exemple, dans le Code Napoléon, l'article 2227; dans le Code de procédure, les articles 69, 398, etc.

Veut-on d'autres autorités ? Prenons de préférence celles que nous fournit l'époque impériale.

(Ici l'avocat lit plusieurs décrets impériaux, des 8 juillet et 14 novembre 1807, 11 janvier et 1er avril 1808, 29 mai et 30 juin 1813, qui décident dans les termes les plus absolus, que toutes les questions de propriété, de validité de titres, de prescription, sont de la compétence exclusive des tribunaux, que l'État y soit ou non intéressé.)

C'étaient là des vérités que Napoléon savait faire respecter; car il comprenait bien que les pouvoirs ne s'enrichissent pas, qu'ils s'appauvrissent plutôt en empiétant les uns sur les autres, et que la justice surtout, à peine de perdre tout son prestige, doit se mouvoir dans une sphère indépendante, inaccessible à toutes les usurpations.

La monarchie s'est d'ailleurs montrée fidèle à ces traditions salutaires.

(Nouvelles citations d'ordonnances royales dans le même sens, 23 février 1828, etc., etc.)

Ainsi, M. le préfet de la Seine voudra bien me concéder ce

premier point, que si le tribunal n'est pas compétent pour connaître de notre action, ce n'est pas assurément que notre action ne rentre, *par sa nature*, dans les attributions de l'autorité judiciaire. Car les principes du droit public, le Code Napoléon, les décrets impériaux, les ordonnances royales de toute époque, la jurisprudence sous toutes les formes, proclament, en cette matière, votre compétence absolue, exclusive, sans partage. Vous avez un monopole, entendez-vous bien, ou il faut rayer ces lois, ces décrets, ces ordonnances. Propriété, possession, hérédité, prescription, nullité de titre, tout cela veut dire compétence judiciaire; elle est là, elle n'est pas ailleurs.

Voyons maintenant par quel phénomène vous pourriez être dépossédés, dans le cas particulier, d'une juridiction qui vous appartient par la nature même des choses, à vous, et à vous seuls !

Si l'on en croit le déclinatoire, ce serait en vertu du second décret du 22 janvier 1852. Pourquoi cela? C'est que ce décret serait attributif ou déclaratif du droit de propriété en faveur de l'État, sur les biens qui ont fait partie de la douation du 7 août 1830; c'est que le décret ayant statué, dit-on, sur ce droit de propriété, l'ayant reconnu en faveur de l'État, vous êtes nécessairement incompétents. Si telle était la portée du décret, faudrait-il, en effet, en induire votre incompétence ? Pas le moins du monde.

A la vérité, l'organe du ministère public, dans les conclusions qu'il a lues au début de cette audience (et que sans doute il nous aurait communiquées à l'avance, avec sa courtoisie ordinaire, si cela lui eût été possible), qualifiait de *loi* le décret du 22 janvier 1852. Eh bien! supposons-lui pour un instant ce caractère, qu'est-ce que cela fait à la question de compétence ?

Une loi, dites-vous? Si cela est, tant mieux pour l'État; il l'invoquera sur le fond. Mais en conclure l'incompétence du tribunal, cela n'est pas logique.

C'est comme si l'on disait à un demandeur : il y a dans le

Code Napoléon tel article qui condamme votre prétention ; donc, le tribunal n'en peut connaître.

Et moi je dis : donc, le tribunal la repoussera, car encore une fois, c'est le fond.

Mais pour savoir si la loi existe, si elle est applicable, du moins faut-il que le juge compétent puisse vérifier et apprécier.

Et tenez, supposons-nous en présence sur le fond, voici ce qui se passera ; je dirai :

Notre père, propriétaire, nous a fait une donation parfaitement régulière, remontant à 1830 ; cette donation a été suivie de possession, avec titre et bonne foi, nous avons la prescription, nous nous sommes mariés, des familles étrangères ont contracté avec nous sur la foi de ce titre ; nous avons emprunté, nous avons aliéné, nous avons fait tout ce que peut comporter le *jus utendi* et *abutendi* dans sa plus large acception ; voilà pourquoi nous sommes propriétaires et comment nous justifions notre revendication.

Que répondra l'État ? — Non, vous n'êtes plus propriétaires. —Vous avez pu le croire jusqu'au 22 janvier 1852 exclusivement. Mais ce qui était vrai la veille au soir, avait cessé de l'être le lendemain matin. Car voici une loi en vertu de laquelle vous devez perdre votre procès.

Maintenant que fera le tribunal, toujours dans la même hypothèse ? Il dira : considérant que bien qu'il résulte, etc... néanmoins il existe un décret ayant force de loi, auquel le juge doit se conformer, déclare les demandeurs mal fondés dans leur demande et les condamne aux dépens.

Vous concevez, Messieurs, que ce n'est pas un jugement que je propose ni que je redoute dans l'avenir, c'est tout simplement une hypothèse destinée à mieux vous faire comprendre tout ce qu'il y a de bizarre, de sauvage, d'incroyable, dans le déclinatoire qu'on vous propose au début du procès.

Car, je le repète, avec un respect égal à ma conviction, si vous n'êtes pas juges ici, vous ne le serez jamais. — Vous seriez juges de nom, et rien de plus.

Concluons une dernière fois que le décret serait tout au plus une raison de décider sur le fond, ce que je conteste d'ailleurs de toutes mes forces ; — mais non un moyen d'incompétence.

En un mot, le décret correspondrait au mal-fondé de la demande, et non à l'incompétence du tribunal ; à moins qu'on ne me montre dans le décret une disposition qui interdise aux tribunaux toute connaissance d'un litige qui puisse s'y rattacher directement ni indirectement. On nous en avait menacés ; mais enfin on n'a pas été jusque-là, et le décret est resté dans son état primitif, sans bouleverser du moins l'ordre légal des juridictions.

Maintenant allons plus loin. Quel est ce décret et quel est le caractère qui lui appartient ? M. le préfet de la Seine, dans le déclinatoire, a dit que le décret était un acte de *haute administration,* ce qui voulait dire apparemment, dans la pensée du préfet, que c'était une mesure politique. Le ministère public appelle le décret du 22 janvier, *une loi.* Non ! ce n'est pas possible ; car s'est-on bien rendu compte de ce que serait une mesure politique ou une loi de cette nature ?

Je vais vous le dire d'un mot : cela s'appellerait tout simplement CONFISCATION !

Et quoi ! je suis propriétaire, je le suis en vertu d'une donation régulière ; je le suis comme héritier de mon père et de ma tante ; mon titre, ma qualité, mon droit, ont été reconnus et consacrés par deux législatures, monarchique et républicaine.

Puis, tout à coup, il intervient un acte que vous appellerez comme vous voudrez, qui me dépouille de ma propriété pour la transporter à un tiers, à l'État ; ... *confiscation* ! confiscation, vous dis-je, dans votre système, et j'ajoute confiscation d'une nouvelle espèce, *sui generis,* sans exemple dans les plus mouvais jours de la France et des autres pays, une confiscation avec effet rétroactif ! Jusqu'ici, du moins, la confiscation *normale,* si on peut l'appeler ainsi, se bornait à prendre la propriété dans l'état où elle la trouvait, le jour même, sans effet rétroactif. Ici, elle remonterait à vingt années en arrière, à travers les contrats, les lois, les possessions, saccageant tout sur son passage, reconstituant pour son profit l'état de choses qui existait au 7 août 1830!....

Non, non, cela ne saurait être; de telles mesures seraient trop contraires à la pensée personnelle du chef de l'État, à nos mœurs, à notre civilisation, à notre droit public, surtout quand on songe qu'elles tomberaient sur cette famille si noble, si calme, si résignée, à laquelle ne manque plus même, aujourd'hui, la majesté du malheur!!!

Non, encore une fois, le décret lui-même proteste, dans ses premières lignes, contre une pareille supposition.

« *Considérant, que sans vouloir porter atteinte au droit* « *de propriété dans la personne des princes de la famille* « *d'Orléans, etc..* »

Veut-on une autre preuve; je l'emprunterai à l'écrit intitulé : « *Réponse à la protestation des exécuteurs testamentaires.* » Écrit anonyme, à la vérité, mais qui n'en a pas moins un caractère semi-officiel par l'immense publicité qui lui a été donnée par la profusion inouïe avec laquelle il a été répandu, distribué partout, sans qu'il en coûtât rien aux destinataires.

On y lit, à la page 22 : « Les exécuteurs testamentaires du « roi Louis-Philippe signalent le décret du 22 janvier comme « tranchant une question de propriété, c'est-à-dire comme un « acte illégal et inconstitutionnel, puisque la décision d'une « question de ce genre appartient exclusivement aux tribunaux.

« Loin de là, le décret ne fait que prescrire l'exécution d'un « principe d'ordre public méconnu au préjudice du domaine; « c'est une mesure de restitution qu'il ordonne, dans un intérêt « sacré dont le chef de l'État doit être le défenseur. »

Disons donc avec le décret, répétons-le avec son commentateur officieux ou officiel, il ne peut être question ici de confiscation; mais concluons aussitôt que ce n'est ni une loi politique, ni une mesure politique; car autrement, tous les sophismes du monde seraient impuissants pour ôter le caractère de confiscation à une loi politique, à une mesure politique déplaçant tout-à-coup la propriété, *invito domino*, et brisant les contrats sans l'intervention du seul juge qui puisse les apprécier. A moins que l'on ne vienne prétendre qu'un tel acte équivaut lui-même à *un jugement,* qu'il en a la valeur et la puissance, ce que nous examinerons dans un instant.

Ah ! sans-doute, parmi les deux décrets du 22 janvier, il en est un qui est de nature toute politique, c'est le premier, celui qui prescrit la vente de certains biens dans un certain délai.

Il est fondé, celui-là, sur ce qu'on est convenu d'appeler non pas la raison de droit, mais la *raison d'État* ; et je suis le premier à reconnaître que la justice ordinaire n'y peut rien. Pourquoi ? C'est qu'il appartient à la sphère politique, et qu'après tout il ne méconnaît pas le droit de propriété.

Mais, pour le second décret, celui qui nous occupe, nous verrons tout à l'heure quel est son vrai caractère. Qu'il nous suffise de résumer cette partie de la discussion d'un seul mot: Ce n'est pas une *confiscation*, j'affirme donc que ce n'est pas *une loi ;* car *loi* et *confiscation* ce serait nécessairement et fatalement une seule et même chose en pareille matière.

Continuons. Si ce n'est pas une loi, qu'est-ce donc ? *Un jugement ?* Moins encore, s'il est possible.

A la vérité, M. le Préfet de la Seine semble le supposer, lorsqu'il énonce dans son déclinatoire « que le décret du 22 janvier dernier a déclaré nulle, comme contraire au droit public français, la donation du 7 août 1830. »

Et d'abord, où M. le Préfet a-t-il vu cela ? Apparemment, au milieu de ses occupations nombreuses, il n'aura pas pu lire avec une attention suffisante le décret sur lequel il fonde son déclinatoire. Autrement, il ne serait pas tombé dans cette grave erreur. Non, le décret du 22 janvier n'annulle pas la donation ; mais *il en présuppose seulement la nullité ;* ce qui est fort différent, comme nous le démontrerons plus tard.

Sans doute, il peut y avoir le germe et les éléments d'un procès entre la famille d'Orléans et l'État, s'il veut s'approprier devant la justice la thèse de la dévolution déduite dans les motifs du décret.

Mais un jugement anticipé sur cette question par le décret lui-même? Ce serait le comble de l'absurdité !

Ne serait-ce pas, en effet, la violation la plus flagrante et la plus inouïe de notre droit public sur la séparation des pouvoirs, si profondément tracée, par exemple, dans les articles 13 et 17 du titre 2 de la loi des 16-24 août 1790 ? ce serait-là cette confusion impossible, ce chaos social que signale Montesquieu :

« Il n'y a point de liberté, si la puissance de juger n'est pas
« séparée de la puissance législative et de l'exécutrice. Si elle
« était jointe à la puissance législative, le pouvoir sur la vie
«. et la liberté des citoyens serait arbitraire ; car le juge serait
« législateur. Si elle était jointe à la puissance exécutrice, le
« juge pourrait avoir la force d'un oppresseur. *Tout serait*
« *perdu*, si le même homme ou le même corps des principaux,
« ou des nobles, ou du peuple, exerçaient ces trois pouvoirs :
« celui de faire des lois, celui d'exécuter les résolutions pu-
« bliques, et celui de juger les crimes ou les différends des
« particuliers. » (*Esprit des Lois*, livre 2, chap. 6.)

Et voyez quel jugement ce serait ici ! un jugement sans contradiction, où les parties n'auraient été ni entendues ni appelées, au mépris de toutes les règles de la compétence et de la procédure ; un jugement, sans recours possible ;

Un jugement sans juge : car si le Président de la république a été investi par le plébiscite des pouvoirs *exécutif*, *législatif*, *constituant*, il ne l'a certes été ni prétendu l'être du pouvoir *judiciaire* ; et à plus forte raison, ne l'était-il pas, sous la Constitution du 14 janvier 1852, antérieure au décret, et où il ne s'était réservé, jusqu'à la convocation des grands corps de l'État, que le pouvoir législatif.

Enfin, ce serait un jugement où il aurait été, tout à la fois juge et partie, comme chef de l'État à qui il aurait attribué la propriété supposée litigieuse.

Supposition absurde, encore une fois ; usurpation dont la seule pensée serait une injure, et contre laquelle il aurait noblement protesté d'avance lorsqu'il disait à la magistrature, dans une solennité récente (4 avril 1852) :

« Quoique je reçoive votre serment avec plaisir, l'obligation

« de le prêter pour tous les corps constitués, me semble moins
« nécessaire de la part de ceux *dont la noble mission est de*
« *faire dominer et respecter le droit.* »

Et c'est aussi ce respect du chef de l'État pour les droits de
la justice que célébrait, à son tour, M. le premier président
Troplong, dans une occasion semblable et plus récente encore
(16 avril 1852.)

« La magistrature ne devait pas se trouver ébranlée par la
« révolution du 2 décembre, qui, ainsi que le disait l'autre
« jour, Louis-Napoléon, a replacé la pyramide sur sa base. La
« magistrature se défendait auprès de lui par son dévouement
« aux intérêts sociaux, par son culte du devoir, par sa haute
« intégrité, par le respect que ses éminents services inspirent
« à la France. » Et plus loin : « Lorsque, dans sa Constitution,
« Louis-Napoléon a voulu que la justice fût rendue *en son nom*,
« ce n'a pas été, de sa part, l'intention ambitieuse d'anciennes
« formules constitutionnelles ; c'est une pensée profondément
« philosophique qu'il a gravée dans le pacte fondamental,
« pour montrer à la nation qu'à ses yeux, la justice est un des
« plus beaux attributs du gouvernement des hommes. Les livres
« saints ne séparent jamais la force de la justice. Les princes
« qui ont l'intelligence de leur mission savent que la force toute
« seule n'est qu'un orage qui passe, mais que la force unie à
« la justice est celle qui fonde ou raffermit les sociétés. »

Affirmons donc, en pleine évidence, que le décret du 22 janvier n'est pas plus un jugement, qu'il n'est une loi politique.
Affirmons qu'il n'a pas plus voulu *juger*, qu'il n'a voulu confisquer. Puis, voyons maintenant quel est son vrai caractère, et,
par suite, s'il doit avoir une influence quelconque sur la question de compétence.

On nous dit :

Si ce n'est ni une loi, ni un jugement, du moins vous ne
contesterez pas que ce soit un *acte administratif.*

D'accord. Mais la conséquence, s'il vous plaît, pour le déclinatoire ? La conséquence, ajoute-t-on, c'est que les tribunaux

ne peuvent ni l'annuler, ni le modifier, et qu'il échappe à leur révision et à leur critique.

Cela est parfaitement vrai ; mais on a toujours distingué entre le droit d'annuler un acte administratif et le droit, pour le tribunal saisi d'une difficulté de sa compétence, de passer à côté de cet acte, et de marcher à son but comme s'il n'existait pas.

Je m'explique :

Le décret du 22 janvier n'a pas brisé la donation du 7 août 1830, puisqu'encore une fois il n'aurait pu le faire qu'à titre de confiscation ou de jugement, et qu'il n'a ni l'un ni l'autre de ces caractères. Qu'a-t-il donc fait? Il a tout simplement supposé la donation nulle ou annulable ; et, partant de là, il a *revendiqué* (le mot s'y trouve) les biens au nom de l'État, comme *devenus son patrimoine* en 1830.

Cela se comprend. C'est là un acte de tutelle, de haute administration en faveur de l'État, dont il importe, en effet, que le patrimoine soit défendu contre toutes les usurpations.

Or, de deux choses l'une : ou bien le décret aura porté la conviction dans l'esprit de la famille d'Orléans sur la fragilité de ses titres ; il lui aura prouvé, par la vigueur de son argumentation, qu'elle était dans l'erreur depuis vingt ans, avec tous les publicistes, tous les jurisconsultes, les législatures monarchique et républicaine, lorsqu'elle se croyait propriétaire et agissait en conséquence. Dans ce cas, pas de difficulté, le décret s'exécutera sans résistance, et, certes, ce sera un beau succès pour l'esprit qui l'a conçu et la plume qui l'a tracé.

Mais s'il en est autrement, si la famille d'Orléans croit toujours, et plus encore, s'il est possible, depuis le décret qu'auparavant, à la validité de ses titres, à la légitimité de son droit, à sa propriété enfin ; si elle demeure convaincue avec ses conseils, avec quiconque a la moindre idée du fait et du droit de la cause, qu'elle ne peut être privée de son patrimoine sans la plus criante injustice et la spoliation la plus caractérisée, qu'a-t-elle à faire? Ce qu'elle a fait, ce qu'elle fait en ce moment : s'adresser aux tribunaux ordinaires, à la justice du pays, cette gardienne sûre et vigilante des droits de la famille et de la propriété; lui dire : « Voyez mes titres, écoutez mes plaintes, entendez mes raisons et prononcez entre l'État et moi; car personne au monde, autre que vous, n'a compétence en cette matière. »

Est-ce à dire que nous demandons à l'autorité judiciaire l'annulation du décret? Nullement. Le décret, je le répète, est fondé tout entier sur cette supposition que la donation du 7 août a dû tomber, en 1830, sous le principe de la dévolution; puis il en tire la conséquence que l'État est devenu propriétaire des biens donnés.

Mais si cette supposition n'est elle-même qu'une énorme erreur, il faudra bien que le décret attende, avant toute exécution, qu'elle soit examinée, débattue, vérifiée devant les seuls juges compétents pour statuer sur des questions de cette nature. C'est là un débat préjudiciel réservé exclusivement à l'autorité judiciaire, sans empiètement quelconque sur les droits de l'administration. En un mot, *chacun chez soi* : telle doit être la devise constante des deux autorités, si l'on ne veut que l'une n'ait bientôt absorbé l'autre, et que les tribunaux, par exemple, n'aient bientôt plus que des pouvoirs incertains et morcelés par *le bon-plaisir.*

Tout ceci n'est-il pas élémentaire et incontestable? Voyons la jurisprudence; et avant tout, permettez-moi de placer sous vos yeux un remarquable arrêt de la Cour de cassation que je suis d'autant plus heureux de rappeler, qu'il a été préparé par les éloquentes paroles de l'un des conseils de la cause actuelle.

Le 19 juillet 1827, sous la présidence du vénérable Henrion de Pensey, et sur les conclusions conformes de M. de Vatimesnil, avocat général, la Cour de cassation proclamait dans cet arrêt : « que ce fut une maxime incontestable de notre « droit public, que *les rois de France furent toujours dans* « L'HEUREUSE IMPUISSANCE *de porter aucune atteinte aux* « *propriétés de leurs sujets.* — Ainsi, dans les arrêts du Con- « seil, portant quelques concessions au profit de particuliers, « on lisait cette formule par laquelle ils terminaient : « *sauf*

« *notre droit en autre chose et l'autrui en tout,* clause tou-
« jours supposée lors même qu'elle n'était pas écrite, de ma-
« nière que ces arrêts n'avaient aucune efficacité s'ils n'étaient
« revêtus de lettres patentes qui devaient être enregistrées
« dans les Cours souveraines, lors duquel enregistrement *les*
« *parties intéressées et qui pouvaient se prétendre lésées*
« *dans ces actes par l'autorité publique, avaient la faculté*
« *de former opposition, et le Parlement, saisi par cette oppo-*
« *sition, statuait* CONTRADICTOIREMENT *sur les moyens res-*
« *pectifs,* » etc.

Belle maxime, Messieurs, et noblement rappelée !

Est-ce que, par hasard, nous aurions dégénéré ? est-ce que
nous nous sentirions plus à l'aise au milieu des enseignements
et des traditions de la monarchie absolue, que dans les textes
de nos lois nouvelles ?

Serions-nous dupes à ce point de nos progrès et de nos con-
quêtes ? Non, grâce au Ciel ! ce serait calomnier l'époque où
nous vivons. Disons à l'honneur de la jurisprudence actuelle,
qu'elle s'est constamment montrée digne de ce bel héritage.

(Ici l'avocat cite un autre arrêt de la Cour de cassation du
26 décembre 1825 qui juge que le citoyen dont la propriété a
été vendue par l'administration, n'en conserve pas moins le
droit de s'adresser aux tribunaux pour se la faire restituer, nonobstant la nature et la forme administrative de l'acte qui l'en
a dépouillé.)

Et vous, Messieurs du Tribunal, vous n'avez pas failli non
plus à ces maximes tutélaires de notre droit public ; et, toutes
les fois que l'occasion s'en est présentée, vous avez apporté
votre tribut à cette partie si importante de notre jurisprudence.
Témoin votre jugement du 25 juillet 1834, confirmé par arrêt
de la Cour du 11 janvier 1836, sous la présidence de M Sé-
guier.

Là, vous décidez nettement que même une ordonnance
royale ne saurait altérer ou modifier votre juridiction dans les
matières que la loi vous a attribuées ; que votre droit reste entier, comme si l'ordonnance n'existait pas ; « car, » ajoutez-

vous, « les tribunaux manqueraient à leur devoir s'ils laissaient
« les citoyens sans protection dans un pareil cas. »

Empressons-nous de dire que la jurisprudence administrative
a, de son côté, rendu maintes fois hommage à ces principes.

Veut-on des décrets impériaux? Le 10 mars 1807 : « Consi-
« dérant que l'autorité judiciaire est seule compétente pour pro-
« noncer sur l'exécution et la validité des contrats.. » (Il s'a-
gissait d'un séquestre que l'administration voulait maintenir,
en opposant la nullité pour cause de fraude d'une vente sur
laquelle un acquéreur se fondait pour en demander la main-
levée.)

22 octobre 1808 : « Considérant qu'il s'agit de décider à qui,
« du sieur Terras *ou du Domaine*, appartiennent les terrains
« délaissés par le Rhône dans le bourg de Valence ; que cette
« contestation présente *une question de propriété qui doit*
« *être renvoyée aux tribunaux* ; considérant que la décision
« du Ministre des finances du 18 décembre 1806 *ne peut*
« *avoir son exécution que dans le cas où la propriété du*
« *terrain dont il s'agit ne serait pas contestée* : l'arrêté du
« préfet de la Drôme, du 7 juillet 1807, est annulé, et les par-
« ties sont renvoyées devant les tribunaux. »

Des ordonnances royales? 13 février 1815 : « Considérant
« que la loi du 20 mars 1813, en chargeant l'autorité admi-
« nistrative du statuer sur les difficultés qui pourraient s'élever
« à l'occasion de la vente des biens des communes, n'a pas ren-
« voyé devant l'administration les discussions de propriété
« élevées par les particuliers; considérant que le sieur d'Herbais
« se *prétend propriétaire, en vertu de titres, des biens sus-*
« *mentionnés*, et que *le préfet ne pouvait juger cette récla-*
« *mation, qui est du ressort des tribunaux....* »

19 mars 1817 : « Considérant qu'avant de statuer sur la va-
« lidité de la vente des biens ci-dessus mentionnés, transférés
« à la caisse d'amortissement, comme biens communaux, il y
« a lieu de statuer sur la question de propriété élevée par le
« sieur de la Poterie, et *que cette question doit être jugée par*
« *les tribunaux*, etc... »

Même décision du tribunal des conflits du 15 mai 1850, etc., etc.

Je n'en finirais pas, Messieurs, si je voulais mettre sous vos yeux les innombrables monuments de la jurisprudence, soit judiciaire, soit administrative, sous le régime impérial, royal, républicain, qui consacrent et proclament, comme à l'envi, ces vérités fondamentales de notre droit public, sans lesquelles il n'y a plus ni séparation des pouvoirs, ni indépendance des tribunaux, ni garantie pour la propriété, ni sécurité pour la famille, et hors desquelles TOUT SERAIT PERDU, suivant la parole si énergiquement prophétique de Montesquieu.

Ainsi, point d'équivoque, et que l'on m'entende bien. Non, je ne viens pas ici faire le procès au décret du 22 janvier ; cela regarde l'opinion publique. Mais je viens vous dire: Je suis troublé dans ma propriété, on me la ravit ; on m'en dépouille ; la possession m'en est enlevée par un tiers, quel qu'il soit, Etat ou particulier, il n'importe ; je vous montre mon titre, mes droits, ma qualité ; car vous êtes les juges du champ, c'est-à-dire les gardiens de la propriété, vous, et vous seuls !

Il est vrai que l'administration, tutrice du Domaine de l'Etat, a supposé, a cru, si l'on veut, que c'est l'Etat qui est propriétaire. Eh bien ! elle s'est trompée, je le soutiens, je l'affirme, je demande à le prouver. A moi donc les tribunaux ! car c'est une question préjudicielle de leur compétence exclusive. Que le décret attende ; qu'il laisse passer la justice ordinaire, afin qu'elle dise après examen, débat, contradiction, ce mot, ce mot suprême qu'elle seule a le droit de prononcer. Sinon, qu'on ne nous parle plus de propriété, de justice, de garanties, ou je répondrai : chimères et mensonges !

Mais allons plus loin encore : supposons pour un instant que le décret ait fait l'impossible, qu'il ait annulé, comme le croyait à tort M. le préfet de la Seine, la donation du 7 août 1830, au lieu de la réputer seulement annulable par les motifs qu'il a déduits; — je lui en demande pardon, car c'est la supposition d'une énormité sans exemple, — mais enfin, dans cette hypothèse, on reconnaîtra bien, apparemment, que la donation serait seule anéantie.

Or, si, au 22 janvier 1852, nous étions propriétaires, *indépendamment de la donation*; si nous, tiers détenteurs, nous étions fondés à invoquer un autre titre, la prescription; s'il est vrai que la prescription soit expressément rangée par la loi parmi les moyens d'acquérir la propriété (Code Napoléon, art. 711, 2219, 2265), est-ce que le décret, en annulant la donation, la donation seule, aurait frappé en même temps et cet autre titre de propriété et cette qualité de tiers détenteur sur laquelle il repose? Non, mille fois non. Nos droits, à cet égard du moins, seraient entiers, notre action entière, votre compétence entière, évidente, incontestable.

Apparemment, le déclinatoire n'a pas songé à cela.

Est-ce tout? Non. Les demandeurs n'agissent-ils pas encore, savoir, comme héritiers de leur père pour la partie de Neuilly acquise après 1830, et pour la moitié indivise de Monceaux comme héritiers de leur tante, qualités et droits qui ne sont ni atteints, ni effleurés par le décret du 22 janvier, et qui n'en ont pas moins été méconnus et violés par les ordres et la main-mise de l'administration dans la journée du 10 avril dernier?

Parlerai-je, après cela, du décret du 27 mars 1852, qui ordonne la vente de Neuilly et de Monceaux, à la diligence de l'administration? A quoi bon? Est-ce que ce décret n'est pas tout simplement la suite et l'émanation de celui du 22 janvier? Est-ce que les raisons qui viennent d'être déduites à l'égard de l'un ne militent pas également à l'égard de l'autre? Est-ce que tous deux ne procèdent pas de cette supposition ou de cette erreur que les biens appartiennent à l'État? Est-ce que, du moment où notre revendication de propriété se produit devant le juge compétent, il ne faut pas, de toute nécessité, que ces deux décrets attendent également que la justice régulière, avec ses formes protectrices et son allure indépendante, ait prononcé souverainement sur une question qu'elle seule a droit et mission de juger?

En résumé donc,

Votre compétence est ici manifeste, absolue, exclusive. Elle n'est en aucune façon paralysée ni enchaînée par le décret du 22 janvier, qui, soit dans la pensée, soit dans les termes, n'est ni une loi politique, c'est-à-dire une confiscation, ni un jugement, moins encore s'il est possible ; mais un simple acte administratif *revendiquant* la propriété au nom de l'État, supposant son droit, le déclarant même, si l'on veut, se suffisant à lui-même s'il ne survient pas de prétention contraire, mais s'arrêtant nécessairement dans sa marche le jour où se produit devant les seuls tribunaux compétents la réclamation des propriétaires, appuyée tout à la fois sur tous les titres qui fondent parmi nous le droit sacré de propriété : les contrats, la prescription, l'hérédité !

Abaissez donc devant nous, Messieurs, abaissez cette barrière impuissante du déclinatoire. Que l'État sorte de cette indifférence apparente ; qu'il prenne franchement le seul rôle qui lui convienne devant vous, le rôle de partie au procès ; qu'il constitue avoué ; qu'il appelle à son secours un défenseur, s'il en trouve ; qu'il ait le courage enfin de venir à cette barre discuter contradictoirement cette thèse de la dévolution, base unique de l'erreur du 22 janvier. Et alors, dans cette lice régulière et loyale, sans vouloir plaider ici le fond par anticipation, nous prenons dès à présent l'engagement solennel de démontrer, même pour les incrédules s'il en est encore, que cette prétendue thèse de la dévolution n'est autre chose qu'une fable ou un fantôme qui s'évanouit à la première clarté de l'histoire et du droit public.

Que dis-je ! voici bien autre chose. Un de nos jeunes avocats qui n'était pas dans la cause, mais qui s'est inspiré, dans cette occasion, de son amour de la vérité et du droit, Me Leberquier (grâces lui en soient publiquement rendues), s'est livré à des recherches qui ont produit les résultats les plus merveilleux et les plus édifiants. Il a puisé dans les archives officielles, que nous n'avions pas encore exploitées ; et il a trouvé pour notre cause un nouvel et puissant auxiliaire, un jurisconsulte profond, qui n'a jamais figuré sur notre tableau, mais qui figurera longtemps dans les fastes du monde ; c'est tout simplement MAITRE NAPOLÉON ! (*On sourit dans l'auditoire.*)

Oui, Messieurs, lorsqu'en 1804 il s'agissait de constituer la dynastie impériale et ses conditions d'existence, la question de *dévolution* et de *Domaine privé* fut mise sur le tapis ; et l'Empereur la trancha, de l'avis et avec le concours de toutes les fortes têtes de l'époque, dans le sens où elle fut tranchée en 1830 et 1832, et par les mêmes motifs.

Non, certes, que l'Empereur fût avare ; — qui jamais songea à l'en accuser ? mais parce qu'il était logique dans ses paroles et dans ses actes. Il comprenait qu'étant fils de ses œuvres, et certes il avait le droit d'en être fier, arrivant au trône à titre tout nouveau, sans lien avec le passé, il eût été injuste et absurde de le soumettre à un principe qui n'avait eu sa raison d'être que dans les conditions essentielles de l'ancienne monarchie, et alors que l'Etat, et le Prince appelé à la couronne par son droit préexistant, ne faisaient qu'une seule et même personne, un seul et même propriétaire.

Nous démontrerons donc sur le fond que ce qui était vrai, en 1804, pour la dynastie impériale, ne l'était pas moins, en 1830, pour la royauté toute contractuelle de juillet ; et que cela était vrai aux deux époques, parce que cette vérité découle de la nature même des choses et de la différence fondamentale entre les anciennes et les nouvelles institutions.

D'où la conséquence qu'il n'y a eu erreur, à cet égard, ni dans la loi du 2 mars 1832, ni, à plus forte raison, dans les décrets de 1848 et de 1850, qui, apparemment, ne seront pas soupçonnés d'avoir été inspirés « *par les entraînements d'une politique de circonstance* », surtout quand on se rappelle que le second est intervenu sur l'initiative du Gouvernement et comme expression hautement annoncée des intentions personnelles de M. le Président de la République.

Nous dirons enfin avec le droit commun *et le cri de la conscience publique*, que si, contre toute évidence, le principe de la dévolution avait dû s'appliquer en 1830, la nation n'aurait pu honnêtement, lorsqu'elle reprenait le trône en 1848, conserver un patrimoine qui ne serait devenu et ne serait demeuré le sien qu'à la condition d'observer le traité qui avait assuré le trône à la dynastie d'Orléans.

C'est encore là du droit, de la raison, de la probité la plus vulgaire ; ce serait , s'il en était besoin, la base d'une action infaillible en restitution, et le peuple, dans son bon sens et sa loyauté, ne manquerait pas de dire : *Mais rendez donc l'argent !* (*On rit.*)

Mais croyez-le bien, Messieurs, et j'ai besoin de le dire bien haut, si nous appelons ces débats avec impatience, ce n'est pas seulement pour en faire sortir la justification d'un droit de propriété qui n'est douteux pour personne, c'est surtout qu'il tarde à cette famille d'accomplir, du fond de son exil, un devoir sacré de piété filiale, et de repousser, dans un débat public, cette accusation de fraude qu'on n'a pas craint de déposer sur la tombe du royal vieillard !

Quelques mots encore. Messieurs. J'ai bien étudié le déclinatoire avant de le combattre. En fait, en droit, la tâche était facile; mais je me suis demandé, en outre, quel grand intérêt avait pu l'inspirer dans ces hautes régions de l'administration d'où, sans doute, il est parti; et cette question, je l'avoue en toute humilité, est restée pour moi jusqu'à présent sans réponse.

Je vois bien à quelle interprétation fâcheuse et malveillante il pourrait donner lieu pour les ennemis du Gouvernement si l'on y persistait. On ne manquerait pas de dire qu'il a pour objet, non de sauvegarder les règles d'attributions entre les différents pouvoirs, non de revendiquer la question pour d'autres juges, car elle n'en a pas d'autres que vous et ne saurait en avoir ; mais d'étouffer le débat une fois pour toutes, d'empêcher que la lumière ne se fasse ; d'échapper à la discussion contradictoire et sérieuse de cette thèse de la dévolution, seule base du décret, encore une fois ; d'interdire à des enfants la défense de la mémoire de leur père ; à des propriétaires celle de leur patrimoine ; de les laisser sous l'accusation de fraude, alors qu'on les dépouille de ce qui leur appartient : et sous le titre et la couleur d'une revendication sans jugement, de consommer une spoliation honteuse, puisqu'elle n'oserait s'avouer elle-même. Certes, ce serait là calomnier le Gouvernement ; mais qu'il y réfléchisse bien, je l'en supplie ; qu'il craigne de laisser à ses ennemis les facilités et les avantages d'un pareil commentaire.

Ah ! qu'il en croie plutôt ses amis sincères, qui lui disent de toutes parts : Vous avez cru au système de dévolution en 1830, vous avez cru aux droits de propriété de l'Etat ; eh bien, soit ! Tuteur de l'Etat, vous deviez revendiquer ce qui vous semblait lui appartenir ; mais si vous vous êtes trompé, votre intérêt, à vous-même, n'est-il pas d'admettre la contradiction devant le seul juge compétent sur les questions de propriété, et de laisser à la justice son libre cours ?

J'ajoute que l'Etat y a, de son côté, un double intérêt :

Intérêt moral avant tout ; car il ne faut pas qu'on puisse lui reprocher de s'enrichir des dépouilles de cette royale famille, à laquelle il a dû dix-huit années de paix et de prospérité ;

Intérêt matériel, car si les biens lui appartiennent, s'ils doivent être vendus selon le décret, il lui importe qu'ils ne le soient pas à vil prix, qu'ils ne deviennent pas la proie de quelque bande noire, de quelques spéculateurs espérant payer la chose avec une année de son revenu ; ce qui arriverait, n'en doutez pas, si ces biens étaient suivis, dans la main des acquéreurs, par la menace incessante d'une revendication pour le jour où la question retrouverait ses juges naturels et nécessaires.

Voyez, enfin, comme tous les intérêts nobles et légitimes protestent hautement contre le déclinatoire.

Le décret non-seulement ordonne la vente, mais il en distribue le prix et en destine une large part à la Légion-d'Honneur, à l'armée, au clergé pauvre.

Bonnes et louables pensées en elles-mêmes, pourvu que l'on puise à des sources irréprochables les moyens d'exécution.

Mais qui a pu croire que l'armée, que le clergé acceptent

jamais une parcelle de cet or avant qu'il ait été épuré au creuset de la justice ?

Messieurs, un dernier intérêt proteste encore contre le déclinatoire. C'est notre intérêt à tous, celui de nos familles, de nos patrimoines, de notre sécurité : il faut que l'on sache que si des droits légitimes peuvent être un instant méconnus, cela est sans danger, même sur un sol ébranlé par tant de révolutions ; car en France, la justice, du moins, est toujours debout, et toujours ces droits y trouveront des juges pour les faire respecter, comme des avocats au barreau pour les défendre.

(Vive sensation et mouvement contenu dans l'auditoire. — On se presse autour de M⁰ Paillet pour le féliciter.)

M. LE PRÉSIDENT. L'audience va être suspendue pour quelques instants.

(Les membres du tribunal se retirent.

L'auditoire reste toujours aussi rempli. Les quelques personnes qui sortent sont immédiatement remplacées par celles qui attendent au dehors.

Après dix minutes seulement de suspension, le tribunal rentre, et l'audience est reprise.

M. le Président donne la parole à M. le substitut du procureur de la République.)

M. LE SUBSTITUT DESCOUTURES. Au commencement de ce grave débat, nous avons essayé de déterminer nettement la question que vous avez à juger, nous voulions préciser le terrain de la discussion. Pour obtenir ce résultat, nous n'avions ni de grands efforts à faire, ni de grands obstacles à vaincre. Placé entre les conclusions des demandeurs et le déclinatoire soulevé par M. le Préfet de la Seine, convaincu, après un examen aussi approfondi que le temps nous a permis de le faire, après une étude calme et complètement indépendante, convaincu que le déclinatoire était fondé, nous devions l'accepter dans les termes mêmes où la question était posée.

Quelle était-elle? Les demandeurs intentent une action, ils

l'apportent devant les tribunaux civils. L'administration, usant, on ne le conteste pas, d'un droit, ou, pour mieux dire, accomplissant un devoir, réclame la compétence des tribunaux administratifs. Ainsi, c'est là une question de compétence, une question d'attributions, rien de plus, rien de moins, rien en deçà, rien au delà.

Certes, nous n'avons pas la prétention de circonscrire dans un cercle infranchissable la défense, elle en serait sortie malgré nous; d'ailleurs elle a ses privilèges que nous ne contestons pas. Mais à quoi bon, de ce qui était l'important de ce débat, en faire l'accessoire? Pourquoi de cette question de compétence, qui seule est à juger, qui seule est élevée, faire un épisode de la discussion? A quoi bon discuter le fond du droit, qui ne nous appartie·t pas, sur lequel il ne nous est pas permis de descendre, à nous qui réclamons ici le respect de la loi? Et puis à quoi bon ces récriminations? A quoi bon ces injures qui se sont cachées sous le masque du respect? Etaient-elles utiles et nécessaires? Quelle force apportaient-elles à cette cause? Pouvons-nous donc les venger? Pouvons-nous faire descendre jusqu'ici la majesté du législateur? Non, nous le répétons encore, nous nous présentons au nom de la loi, nous nous présentons appuyé sur elle.

Vous avez appelé à votre aide un secours bien puissant, votre éloquence n'en avait pas besoin; vous avez appelé celle de M⁰ Pailiet; elle a ému, elle a profondément remué cet auditoire. Vous êtes entourés d'éminents jurisconsultes qui ont signé cette consultation; ils sont forts. Eh bien! nous qui ne sommes ni jurisconsulte, ni orateur, mais nous qui parlons au nom de la loi, nous qui nous appuyons sur la loi, nous sommes aussi fort qu'eux.

Voyons quelle est la question.

Il y a pour juger de pareils débats, pour les apprécier, des principes sérieux, incontestables, des principes que nos jurisconsultes reconnaissent pour déterminer la compétence; il faut deux choses : il faut fixer la nature de l'action qui est soumise au tribunal; il faut fixer aussi, par rapport à cette action, les limites des pouvoirs du tribunal. Voilà ma pensée.

Nous avons donc deux questions à examiner. Quelle est la nature de l'action que vous avez introduite? Quelle est l'étendue, quelle est la limite des pouvoirs conférés à ce tribunal?

La première question est grave; mais, sans entrer dans l'examen de faits, sans discuter la question de savoir si vous avez ou si vous n'avez pas pu être propriétaires, si vous l'êtes ou si vous ne l'êtes pas, nous avons bien cependant le droit d'examiner si votre action est réellement une action en revendication, si c'est une action intentée par un propriétaire qui réclame sa propriété.

Certes, la réponse est facile : la réponse n'a pas besoin d'être longtemps cherchée, elle est dans le décret du 22 janvier 1852, rendu sous le régime de ce pouvoir innommé qui vous a cependant autorisé à le discuter aussi librement que vous avez voulu. Que dit-il?

« Les biens meubles et immeubles qui sont l'objet de la donation faite le 7 août 1830 par le roi Louis-Philippe, sont restitués au Domaine de l'Etat. »

Si nous allons plus loin, si nous continuons la lecture de ce décret, nous rencontrons un troisième article que, par une omission involontaire, on a oublié de lire :

« Le douaire de 300,000 francs alloué à la duchesse d'Orléans est maintenu. »

C'est là la source du droit. Il n'y a pas d'équivoque possible; il n'y a pas d'échappatoire qui puisse favoriser la retraite.

Est-ce une loi? Ici nous entrons dans le vif de la question. Ici nous avons peut-être le droit, en invoquant la loi et le principe que personne ne conteste, ici nous avons peut-être les moyens de venger le législateur des injures qui lui ont été prodiguées, et qu'on place entre les deux termes de ce dilemme : Vous n'avez pu faire qu'une loi de confiscation, ou, si vous n'avez pas confisqué, vous n'avez pas fait une loi.

Ce n'est pas et ce ne peut pas être une confiscation, ce n'est pas autre chose que la proclamation du droit, ce n'est pas autre chose qu'une loi.

Quels sont les arguments ? Ils sont de plusieurs sortes. On dit :

Ce n'est pas une loi, puisque le décret ne statue que sur un objet particulier, et que la loi ne statue que sur un objet gé- néral. Ce n'est pas une loi, parce qu'elle proclame le principe de la rétroactivité. Ce n'est pas une loi, c'est un jugement, parce qu'il décide.

Mais apparemment la loi décide quelque chose, statue sur quelque chose. Voyons ces deux objections.

Est-ce la première fois que la loi statue sur des intérêts par- ticuliers? Je comprendrais que si nous voulions chercher dans les abstractions métaphysiques une définition de la loi, je comprendrais que si nous voulions remonter jusqu'aux sources philosophiques de la définition de la loi, on pût nous faire cette objection. Mais il faut la prendre aujourd'hui telle que l'ont nécessairement créée les applications et les nécessités, soit de la vie civile, soit de la vie politique.

Il y a ici bien des hommes qui ont siégé dans des assem- blées délibérantes; il n'y en a pas un qui n'ait, dans le cours de sa vie politique, voté une loi qui s'appliquât à un intérêt particulier. Qu'est-ce, par exemple, que la loi qui statue sur les échanges entre l'État et les simples particuliers? Est-ce une loi qui procède par voie de règlementation générale?

Qu'est-ce que la loi qui décide, par exemple, qu'une com- pagnie déterminée aura une concession de chemin de fer? Est-ce une loi générale?

Qu'est-ce que la loi de 1832 sur laquelle on s'appuyait tout à l'heure? Est-ce une loi qui statue sur l'intérêt général? Non ; elle statue sur un cas particulier. Et si nous voulions pour- suivre ces analogies jusqu'au bout, nous dirions : Cet article 2 de la loi de 1832, qui, suivant vous, est la consécration de votre droit, qui rend infranchissable la barrière élevée aujour- d'hui entre le décret et la donation du 7 août, ce n'est pas autre chose que la consécration d'un droit particulier.

Ainsi, cessez donc de le dire, il n'est pas exact de prétendre que la loi aujourd'hui, avec toutes les nécessités que nous indiquions tout à l'heure, soit toujours et nécessairement une loi qui règle en matière générale.

Mais il y a aussi le principe de la rétroactivité; il y a aussi le principe qui fait que la loi ne peut pas renverser ce qui lui est antérieur. Lorsque la loi trouve un droit résultant d'un état de choses régulier, certain, incontestable, et lorsqu'elle le change violemment, lorsqu'elle statue sur des faits qui se sont produits avant même que la loi ne fût née, voilà où se manifeste le principe de la rétroactivité. Mais lorsque la loi, au contraire, statue sur un état de choses antérieur, lorsqu'elle réforme un état de choses mauvais, lorsqu'elle règlemente ce qui était irrégulier, comment peut-on dire qu'il y a application du principe de la rétroactivité? Evidemment non.

C'est ainsi que le décret du mois de janvier 1852 a procédé. Il a trouvé un état de choses mauvais, une tolérance que l'on peut qualifier de droit, mais sur la qualification de laquelle les jurisconsultes ne varient pas. Cet état de choses, quoique vous disiez, qui était mauvais, la loi de 1852 a eu pour résultat de le changer et de le modifier. Elle l'a changé et modifié avec toute la puissance, avec toute la force qui appartient au législateur. Par conséquent, il n'est permis à personne aujourd'hui de la contredire.

Que résulte-t-il de là? Evidemment et incontestablement que l'Etat, du jour où cette loi a été promulguée, est devenu propriétaire. Devenu, je me trompe: il a été réintégré dans sa propriété. Ce n'est pas seulement, comme on l'a dit, une loi attributive de propriété; non, c'est une loi déclarative de propriété; ce n'est rien de plus, rien de moins.

Maintenant que nous avons restitué à cet acte son véritable caractère; maintenant que nous sommes d'accord sur ce point, que ce ne peut être qu'une loi, que ce n'est pas un jugement; maintenant qu'il est certain qu'il ne confisque rien, mais qu'il fait le droit de tous, permettez-moi de proposer au tribunal une simple analogie.

La Constituante de 1848, l'Assemblée Législative de 1849, ont été saisies de la question. Elles l'ont jugée autrement que le législateur de 1852 ; elles se sont laissé entraîner par des motifs que nous n'avons pas à apprécier ici : motifs très-respectables ; mais on nous permettra de croire que la pensée des hommes de parti n'est pas plus considérable que la pensée des jurisconsultes. Nous n'avons ni à justifier, ni à critiquer les actes de ces Assemblées. Mais je suppose que l'Assemblée Législative dans toute la puissance qui lui était conférée par la loi, je suppose que l'Assemblée Législative eût fait ce décret de janvier 1852. Est ce que vous auriez la prétention de le faire juger par le tribunal ? Est-ce que, vous trouvant en face d'une loi émanée de la puissance législative telle qu'elle était organisée à cette époque, vous auriez encore la prétention de l'apporter devant ce tribunal, et de dire : Jugez ? Vous ne l'auriez pas fait. C'est alors qu'on aurait invoqué le grand principe de la séparation des pouvoirs. C'est alors que l'Assemblée, elle-même, n'aurait pas eu assez d'énergie pour repousser la prétention des tribunaux,

Je dis que cette question est identiquement la même que celle que nous discutons en ce moment ; car ce que le législateur de 1848 n'a pas voulu faire, ce que le législateur de 1849 n'a pas voulu faire, ce qu'ils avaient la puissance de faire, le législateur de 1852 l'a fait dans la plénitude et dans la légitimité de sa toute-puissance. Le législateur, se mouvant dans la sphère des attributions qui lui avaient été conférées, a pu promulguer cet acte ; n'est-il pas évident que cet acte a force de loi ? Si, chargé de pouvoirs immenses, chargé de la plus grande responsabilité qui puisse incomber à un homme ; si, chargé de ces pouvoirs, il a été chargé en même temps de faire la Constitution du pays, est-ce qu'il n'a pas eu aussi le droit de faire toutes les lois d'administration spéciale qui étaient du ressort autrefois de l'Assemblée Législative ? Ai-je donc besoin de justifier et de démontrer ici cette légitimité ? La France entière a nommé le législateur qui a fait cet acte.

A quels signes, à quels caractères reconnaît on qu'un acte est une loi ? A quels caractères reconnaît-on que ce n'est pas une ordonnance, par exemple ? A quels caractères, à quels signes reconnaît-on que cet acte, émanant de la puissance législative, est une loi ? Il y en a deux.

Il faut d'abord que cet acte statue sur un droit né ou à naître ; il faut que celui qui fait cet acte, qui le signe et qui en prend la responsabilité, soit investi du pouvoir législatif.

Je dis que dans l'état actuel du droit, que dans l'organisation politique et sociale de ce pays, il est difficile de trouver à la loi une autre définition que celle que je viens de dire.

Eh bien ! si nous sommes d'accord que ce législateur fût investi de la puissance qui lui conférait le droit de faire la loi, si cet acte pour lequel vous cherchiez tout à l'heure une qualification que nous avons trouvée, si cet acte statue sur un droit, s'il détermine un droit, s'il confère un droit, n'est-ce pas un acte législatif ? et fallait-il recourir à l'art. 58 de la Constitution pour décider que c'était une loi ? Non ! Restituez-lui son véritable caractère, faites abstraction des passions de parti, oubliez tout ce qui a pu se produire dans la sphère des passions politiques, examinez ce décret, non pas en hommes prévenus, mais en jurisconsultes calmes et impartiaux, et vous arriverez à cette conséquence, que c'est là une loi, qu'elle émane de la puissance législative, et que par conséquent cette loi a droit au respect de tous.

Maintenant que nous avons déterminé le caractère de cet acte, que nous avons reconnu qu'il statuait comme toutes les lois pouvaient statuer elles-mêmes, voyons ce qui en résulte.

« Les biens meubles et immeubles qui sont l'objet de la donation faite le 7 août 1830 par le roi Louis-Philippe, sont restitués au domaine de l'Etat. »

Tout à l'heure nous formulions, *à priori*, cette conséquence que l'État était devenu propriétaire, ou, pour mieux dire, que l'État était redevenu propriétaire, que le domaine de l'État avait été, par cet acte de justice, réintégré dans sa propriété. Si cette conséquence était fausse tout à l'heure, elle est vraie maintenant. Si elle était douteuse, elle pourrait faire naître une inquiétude dans l'esprit. Cette inquiétude n'est-elle pas évanouie ? Car l'acte est une loi, car on ne peut pas séparer les conséquences de l'acte des principes et des droits qui émanent de l'acte lui-même.

S'il en est ainsi, quelle est l'action qui est intentée par les princes de la famille d'Orléans? Ah! nous avons raison de le dire, c'est une action intentée contre la loi elle-même, c'est le législateur qu'on dépouille de sa majesté et de sa toute-puissance, et qu'on traîne à cette barre; c'est la loi elle-même qu'on veut faire juger par le tribunal; c'est, en un mot, contre la loi qu'on réclame, qu'on demande une condamnation.

Eh bien! si tel est le caractère de l'action intentée par les demandeurs; si elle a pour objet de faire décider que la loi n'est pas la loi, que ce que la loi a décidé n'est pas vrai, que le législateur n'a pas eu le droit de formuler un acte législatif, ainsi qu'il l'a entendu, je vous demande si votre compétence peut être douteuse; je vous demande si vous pouvez en reculer les limites à ce point d'envahir le domaine du législateur, de vous substituer à lui et de renverser les actes qu'il a faits.

C'est ici que se place l'examen, la discussion d'un point sur lequel il vous semble qu'on a un peu légèrement passé.

Dans les conclusions écrites que nous avons eu l'honneur de prendre devant vous au commencement de cette audience, nous disions que l'article 10 de la loi d'août 1790 était un obstacle insurmontable, qu'il établissait entre nous et le pouvoir législatif une barrière qu'il n'était donné à personne de franchir; que, par conséquent, lorsque vous vous trouviez en face d'un acte émané du législateur, lorsque vous vous trouviez en face de la loi, non plus pour l'interpréter ou l'appliquer, mais uniquement pour la renverser et la détruire, votre pouvoir ne s'étendait pas jusque-là. Nous voulons rappeler au tribunal les dispositions si formelles, si positives de la loi du 10 août 1790 :

« Les tribunaux ne pourront prendre ni directement ni indirectement aucune part à l'exercice du pouvoir législatif, ni empêcher l'exécution de ses décisions, à peine de forfaiture.

Certes, on peut le dire, il y a entre vous et le pouvoir législatif, en vertu de cette loi qui est celle de votre organisation, il y a un abîme infranchissable. Mais on a discuté devant vous exactement comme si cette loi n'existait pas, comme si elle n'avait pas été faite, comme si ce pouvoir judiciaire, antérieur à cette loi, que cette loi avait pour mission et pour but de détruire, existait encore. On a plaidé devant vous exactement comme on aurait plaidé en 1789, alors que les parlements existaient encore, et on n'a pas réfléchi que non-seulement cette loi de 1790 avait été faite pour détruire la puissance parlementaire, mais encore qu'elle était faite pour empêcher le retour de tous les empiétements qu'avait faits le pouvoir parlementaire sur les attributions, soit du roi, soit des grands corps de l'Etat.

Aussi autrefois, lorsque le Parlement rendait la justice, il touchait à la politique proprement dite par ce droit de remontrance, il touchait au droit législatif par ce droit d'enregistrement ; en un mot, il avait étendu sa main sur tout , et ce fut uniquement pour prévenir le retour de ces empiétements, pour rétablir cette ligne de démarcation définitive entre les pouvoirs de l'État, que fut promulguée la loi de 1790 qui vous a faits ce que vous êtes, qui vous a donné le pouvoir que vous avez, pouvoir bien grand, pouvoir bien vaste encore, mais surtout qui a déterminé les limites de juridiction, et qui, par conséquent, a assuré votre indépendance.

Nous sommes aux deux termes extrêmes, aux deux limites de la question qui vous est soumise : d'un côté, la loi ; de l'autre côté, vos attributions ; d'un côté, un acte législatif, un acte émané de la seule puissance législative qui fût en ce moment en France ; de l'autre, la loi qui détermine votre droit, qui règle vos attributions et qui vous dit que vous n'irez pas plus loin. Nous devons donc arriver nécessairement à cette conséquence, qu'il ne vous est pas permis de toucher à l'acte qui émane du pouvoir législatif, qu'il n'est pas permis de porter une action devant les tribunaux contre le pouvoir législatif ; car il est défendu aux tribunaux d'en connaître, à peine de forfaiture.

Mais ce n'est là qu'un des côtés de la question, qu'un des fondements de la discussion que vous attendez de nous.

Lorsque le décret du 22 février a été rendu, il n'est pas resté complètement isolé ; à sa suite est intervenu le décret du 27 mars 1852. Que dit-il ?

« Le Ministre des finances est autorisé à aliéner, jusqu'à

concurrence de 35 millions , les bois de l'État à prendre parmi ceux qui sont portes sur le tableau annexé à la loi du 7 août 1850. »

C'est là aussi un acte administratif; il émane de la même puissance, du même droit. C'est aussi une loi qu'il faut respecter. C'est aussi une loi à laquelle personne n'a le droit de porter atteinte. C'est en vertu de cette loi, c'est en vertu de cette décision, puisqu'on veut que vous lui donniez un autre nom, c'est en vertu de cet acte législatif qu'est intervenu l'acte de prise de possession commis le 10 avril 1852, et contre lequel on élève l'action que vous avez à juger.

On nous dit, et cette objection paraît infiniment spécieuse : Mais remarquez que la question de propriété subsiste toujours. Que notre droit soit bon ou mauvais, que notre droit vaille ou ne vaille pas, il ne s'en suit pas moins, par conséquent, que le tribunal est compétent, et que tous les efforts que vous pouvez faire pour faire déclarer le tribunal incompétent, sont vains et inutiles.

Nous sommes forcé de dépouiller l'objection de toutes les magnificences de langage dont on l'a enveloppée; mais, pour l'apprécier dans toute sa force, dans toute sa pureté, il faut nécessairement la réduire à ses termes les plus simples. La voici :

C'est une question de propriété, donc vous êtes incompétents; c'est une question de propriété, donc vous n'avez pas le droit d'en changer les termes. Donc le tribunal seul est compétent. Voilà la difficulté.

Nous répondons : Non. Poser les questions ainsi, c'est incontestablement les poser dans des termes qu'elles ne comportent pas. Vous ne pouvez pas intenter une action à titre de propriétaire, car voici un acte législatif qui décide que vous ne l'êtes pas.

Mais, dit-on, est-ce que le législateur a le droit de dépouiller un citoyen de sa propriété? Est-ce qu'il a le droit, sans l'entendre, sans l'appeler, est-ce qu'il a le droit de le dépouiller de sa propriété ?

Si je vous montre que l'État a pu lui-même, par un simple acte de cette nature, être dépouillé de sa propriété ; si je vous montre que le pouvoir législatif a pu enlever au domaine de l'État des immeubles pour les transporter à une autre personne, est-ce que je n'aurai pas résolu la difficulté et l'objection qu'on m'oppose ?

Au mois de mai, au mois de septembre, au mois d'octobre 1814, interviennent des ordonnances ; elles constituent un apanage au duc d'Orléans. Où sont pris les biens ? dans le domaine de l'État. Le roi Louis XVIII, dans la dernière ordonnance qui constitue cet apanage, que dit-il ? « Nous entendons que les biens sortent de nos mains. » C'étaient les mains de l'État. A-t-on appelé ? Le conseil d'État a-t-il été saisi d'une action ? S'est-il élevé une voix pour dire : « Mais enfin ces biens sont à l'État, mais enfin ces biens ne peuvent pas être enlevés au domaine de l'État ; discutons, plaidons, examinons. » On n'a pas dit cela, et on a dit, l'un des jurisconsultes qui nous entendent a dit : « Le roi tenait dans ses mains tous les pouvoirs réunis ; son autorité n'était provisoirement limitée par rien. » Voilà ce qu'on a dit.

A-t-il tranché une question de propriété, oui ou non ? Ces biens étaient-ils dans le domaine de l'État, oui ou non ? Répondez.

Ainsi, lorsque vous voyez l'intervention des pouvoirs, lorsque vous voyez l'intervention des lois dans une question de cette nature, lorsque vous les voyez intervertir, changer les termes de la situation, ce que l'on a fait contre l'État, est-ce qu'on n'a pas pu le faire pour l'État ? Des biens qu'on a pris dans le domaine de l'État en vertu d'une loi, ne peuvent-ils pas rentrer dans ce domaine de l'État en vertu d'une loi ?

Autre chose. On considère dans ce décret la restitution des biens qui avaient été pris à la catégorie des personnes qu'on appelait émigrés, comme un grand acte de justice. Que fait-on ? Ce n'est pas seulement le roi Louis XVIII agissant dans la plénitude de la puissance qu'on lui reconnaît, non ; c' le 5 décembre 1814, le pouvoir législatif qui enlève du aine de l'État tous les biens non vendus des émigrés, qui par conséquent dépouille l'État et rend les émigrés propriétaires.

Comment ! on aura pu en 1814 donner ces biens, on aura pu user de la puissance législative pour les restituer, puisque c'était là le terme consacré, on aura pu fouler aux pieds toutes les lois antérieures, tous les droits acquis de l'État, on aura pu se dessaisir de ces biens, sans se présenter devant les tribunaux, en vertu de la seule puissance législative; et aujourd'hui qu'il s'agit de savoir si ces biens seront ou ne seront pas propriété de l'État, la puissance législative intervient; elle les prend comme elle les aurait donnés, elle les rend à l'État comme elle les lui avait pris ; et vous en appelez aux tribunaux ! Soyez donc conséquents avec vous-mêmes : votre droit vient de là, il faut qu'il y retourne ; c'est là son origine, il faut qu'il y remonte.

Vous ne pouvez donc pas être propriétaires, vous ne pouvez donc pas plaider que vous êtes propriétaires.

Mais s'il y a un litige, il est resté quelque chose à juger, et il nous faut des juges.

Nous ne le contestons pas : seulement je dis que vous n'avez pas le droit, par la raison que vous prétendez faire une question de propriété lorsque vous n'avez pas cette action, de déterminer la compétence du tribunal.

Je n'ai pas besoin de vous suivre sur la question de savoir si l'acte du 7 août a été ou n'a pas été un acte frauduleux ; je n'ai pas à entrer dans ce qui vient à l'appui des motifs des décisions de la puissance législative; je m'arrête devant la loi je m'incline devant elle, tous doivent s'incliner avec moi.

L'objection est donc celle-ci : Il y a litige, et le Préfet de la Seine est un étrange jurisconsulte qui veut nous enlever à nos juges et qui ne veut pas nous en donner d'autres.

Où a-t-il dit cela ? Comment ! lorsqu'on vient dire au tribunal; c'est de la jurisprudence de tous les jours, c'est banal dans cette chambre ; comment ! lorsque le préfet de la Seine vient dire : « Vous n'êtes pas compétents ; prenez garde, vous allez usurper dans le domaine administratif, vous allez connaître d'une cause qui ne vous appartient pas ; si vous vous déclarez compétents, j'élève le conflit, » il ne nous donne pas des juges! il nous en refuse! Ce n est pas à lui à vous prendre par la main et à vous conduire devant le tribunal autre que celui où vous êtes allés. Il vous plaît de saisir le tribunal de la question. Vous avez pensé que les développements de votre défense, que le droit que vous prétendez avoir, plus ou moins justement, pourraient être appréciés par le tribunal. En ceci vous rendez hommage à la justice des hommes devant lesquels nous parlons; mais en ceci vous violez la loi, parce que, en ceci, la compétence ne leur appartient pas.

Vous demandez quel est l'intérêt de l'administration, vous vous égarez dans la recherche de cet intérêt. Cet intérêt, c'est un intérêt de morale, c'est un intérêt de justice, c'est un intérêt de législation. Ce n'est pas pour vous arracher à des juges, ce n'est pas pour vous empêcher de plaider, ce n'est pas pour vous empêcher de vous défendre, c'est pour maintenir in'acte la séparation des pouvoirs de l'Etat; c'est pour faire que la loi ne puisse pas être violée; c'est pour ne pas introduire cette déplorable confusion qui serait la cause d'un jugement qui déclarerait la compétence du tribunal. Voilà quel est l'intérêt; n'allez pas le chercher dans des considérations politiques qui n'ont pas pu entrer dans la pensée du déclinatoire.

Ainsi, Messieurs, que résulte-t-il de la discussion à laquelle nous venons de nous livrer, et de l'examen des différentes questions qui ont été soulevées par le débat de l'adversaire? Ceci : c'est que la demande intentée n'est pas de la compétence du tribunal, que ce n'est pas une pure, une simple question de propriété, que c'est une question qui a été spécialement tranchée par la loi, et que, par conséquent, si vous vous en attribuez la connaissance, si vous avez la prétention de la juger, vous commettrez un acte qui excédera vos pouvoirs.

On a lu, avec un juste orgueil pour la justice, des jugements par lesquels le tribunal, passant outre à une ordonnance, avait statué sur les intérêts que cette ordonnance avait la prétention de décider.

Si aujourd'hui, en 1852, la puissance exécutive voulait statue sur ces intérêts par voie de règlement, croiriez-vous que nous élèverions la question d'incompétence? Croyons-vous que nous ne proclamerions pas avec vous l'indépendance des tribunaux?

Lorsque cette ordonnance est intervenue, il y avait, à côté de la personne qui l'a rendue, un pouvoir législatif et souverain. Ainsi donc, ne dites pas qu'il y a analogie entre cet arrêt et la situation actuelle, n'évoquez pas les souvenirs de juges d'alors, pour faire juger comme analogue, par ceux devant lesquels vous êtes aujourd'hui, des choses aussi dissemblables que celles-là. Non.

Dans l'espèce citée par ce jugement, il y avait une ordonnance rendue par un pouvoir qui s'était arrogé, à côté de la puissance législative, les attributions de cette puissance. Le tribunal à passé outre, et il a eu raison.

Mais aujourd'hui le juge se trouve en face d'une loi et non d'ordonnance, en face du législateur lui-même, et il ne peut avoir la prétention d'élever autel contre autel et de combattre le législateur.

A ce point de vue donc, il est incontestable que vous n'êtes pas compé:ent, à ce point de vue il est incontestable que l'on ne peut appeler une décision de la justice sur l'action qui vous est déférée. Et pourquoi? parce que nous croyons avoir démontré que c'est à tort qu'on qualifie cette action d'action de propriété. Non, ce n'est pas une action de propriété, parce que là où l'on est sans droit on n'a pas d'action.

Mais on a fait de larges concessions : on nous a dit, toujours dans le système d'habiles hypothèses qu'on a suivi, on a dit : Nous allons supposer que c'est une loi. Et puis, comme nous nous efforcions de suivre les raisonnements à l'aide desquels on voulait démontrer qu'encore bien que ce serait une loi vous seriez compétents, nous n'avons pas pu saisir la trame, l'enchaînement des idées car on s'est efforcé à l'instant même de nous arracher cette concession, et de nous démontrer que ce que l'on appelait loi, en réalité n'en était pas une. Enfin, quand on l'a discutée, on ne l'a pas discutée dans sa source et dans son origine, non pas dans le pouvoir duquel elle émanait, mais dans les considérants. Les considérants appartiennent au législateur ; ce qu'il a décidé est indifférent des motifs par lesquels le législateur s'est décidé. Par conséquent, vous voyez bien que la concession que vous avez faite n'aboutit à rien, et ne pouvait nous donner aucune espèce de droit.

Nous en avons fait une plus efficace; et puisqu'on nous a donné l'exemple des raisonnements par voie hypothétique, nous allons le suivre.

Eh bien! oui, nous allons admettre avec vous, nous allons admettre pour un moment que la France entière s'est trompée; que là où elle croyait que résidait le pouvoir législatif il n'y avait rien, il n'y avait qu'une administration anonyme; nous allons admettre avec vous, avec les termes de la consultation que nous avons sous les yeux, et que vous avez reproduits, que c'est là une décision litigieuse en matière contentieuse. C'est là la question, c'est ainsi que vous l'avez posée, c'est ainsi que vous l'avez résolue à votre avantage : c'est là une décision sur un litige en matière contentieuse.

Eh bien! nous disons que, même en acceptant cette base de discussion, même en nous soumettant à l'hypothèse qu'on nous a faite, même en abandonnant cette large concession que ces actes ne sont pas des lois, qu'ils sont de pures émanations du pouvoir administratif, nous allons démontrer combien le tribunal de la Seine est incompétent dans cette sphère.

Il y a, Messieurs, des règles de la matière administrative qui sont abstraites, difficiles à saisir, mais qui cependan méritent toute l'attention du jurisconsulte et du juge; elles dérivent toutes, elles descendent toutes de la loi du 28 pluviôse an VIII.

Ainsi, la loi par laquelle les conseils de préfecture ont été réorganisés est la loi qui a réglé leurs attributions, et l'art. 4 décide formellement que toutes les matières contentieuses seront soumises à la juridiction des tribunaux administrratifs, c'est-à-dire en premier ressort aux conseils de préfecture.

De là, Messieurs, découle une série de règles que, pour la simplicité de la discussion, que, pour la satisfaction de vos consciences, on aurait bien dû rappeler à vos souvenirs.

Certes, Messieurs, c'est de la science toute faite que celle qui se trouve dans les livres; mais lorsqu'un li vre est un monument de rare bon sens, de science; lorsqu'enfin les opinions qu'il a formulées peuvent être considérées comme la vérité absolue en matière de décisions administratives, je demande s'il n'est pas sage, et si ce n'est pas en même temps épargner les moments du tribunal, d'avoir recours à ce livre, et d'en faire passer les exemples sous ses yeux ?

Nous avons posé le principe, et nous avons dit : En admettant que les décrets dont il s'agit ne sont pas des lois, fait bien positif à coup sûr ; cependant, en admettant que ce ne soit autre chose que des décisions en matière contentieuse, nous avons dit qu'il découlait des lois sur la matière, de l'article 4 que nous avons cité tout à l'heure ; nous avons dit qu'il en découlait des règles positives, certaines, qui règlent la compétence de ce que l'on appelle le contentieux.

Le livre, Messieurs, dont je veux parler et auquel personne ne contestera les éloges que je lui ai donnés, est le livre de M. de Cormenin.

Voici comment il s'exprime :

« Du principe que les autorités administrative et judiciaire sont indépendantes l'une de l'autre, et qu'elles ne peuvent franchir la limite de leurs attributions respectives, il suit :

« D'une part, que les tribunaux.... ne peuvent interpréter *les* actes du Gouvernement, ni en déterminer l'étendue et les effets.... »

Dites que c'est un acte de Gouvernement, dites que ce n'est pas une loi, vous voyez ; du moment que c'est un acte du Gouvernement, dépouillez-le même de ce caractère majestueux que la loi lui a donné, et vous vous trouvez en face de ceci : c'est un acte du gouvernement; donc le tribunal saisi est incompétent.

« ... Qu'ils doivent, d'office, ou sur la réquisition du ministère public, ou d'après le déclinatoire des parties, s'abstenir de juger des contestations ou des points de contestations réglés précédemment par des actes ou arrêtés administratifs, soit que ces actes ou arrêtés aient été ou non complètement pris, et jusqu'à ce que les dits actes ou arrêtés soient annulés par l'autorité administrative supérieure. »

Eh bien ! Messieurs, je vous le demande, ces deux principes ne suffisent-ils pas à la solution de la question qui nous occupe ?

Oui, lorsque l'on nous a fait cette large concession que le décret du 22 janvier 1852 était une loi, peut-être n'avait-on pas suffisamment réfléchi à ceci, que réciproquement nous pouvions faire une concession plus dangereuse encore, et que nous serions bien plus forts peut-être sur le terrain de nos ad - versaires qu'ils ne le sont eux-mêmes.

Ainsi ce sont des actes administratifs, ainsi c'est une déci- sion en matière contentieuse; vous devez vous arrêter. Et ces principes sont des principes formulés comme des aphorismes. Ont-ils reçu la sanction de la jurisprudence, ont-ils été acceptés par les tribunaux administratifs comme par les tribunaux ju - diciaires? Voyons.

Nous qui n'avons pas de préférence pour les époques en matière de jurisprudence, nous qui croyons qu'à toutes les épo- ques les magistrats ont respecté et appliqué la loi, nous allons puiser partout dans la jurisprudence, depuis quarante ans, et je suis convaincu que nous trouverons la preuve que ces prin- cipes si simples, si élémentaires, si applicables à la cause, ont été constamment appliqués par les tribunaux.

(Ici M. le substitut cite un arrêt de la Cour de cassation.)

Messieurs, nous avons recueilli un grand nombre d'arrêts, un grand nombre d'autorités pour démontrer que la thèse que nous avons l'honneur de soutenir était bonne, combien le dé- clinatoire était fondé. Permettez-nous encore de faire une seule citation.

Un homme qui a vu naître cette jurisprudence qu'il a con- tribué à créer, un homme qui a vu naître la loi et qui l'a longtemps fait appliquer, Merlin, écrit ceci :

« Ainsi, s'élève-t-il entre l'acquéreur d'un bien national et un prétendant droit à la propriété d'une partie de ce bien, une contestation pour savoir si cette partie appartenait ou n'appartenait pas à l'autre, ce n'est pas aux tribunaux, c'est à l'administration que cette contestation doit être déférée. »

Est-ce clair ?

Voulez-vous que je vous cite un autre exemple? L'administration, sous la Restauration, enlève à une commune un immeuble, bien d'émigré, bien national, qui lui avait été abandonné par l'administration. Question de propriété au premier chef entre cet homme qui réclamait la propriété aux termes de la loi de 1814, et la commune à laquelle il avait été dévolu; question de propriété au premier chef.

Que décide la Cour de cassation? Que décident tous les tribunaux? que le tribunal civil est incompétent, que l'autorité administrative seule peut être compétente, que seule elle peut connaître du débat, que seule elle peut le décider.

Nous voici donc, Messieurs, arrivés très-rapidement, vous me rendrez cette justice, nous voici arrivés au terme de la discussion; mais il faut la résumer, il faut que nous la rendions sensible pour vous, il faut que chacun des points sur lesquels nous nous appuyons reste fixé dans votre esprit.

Vous êtes en face de la loi, vous ne pouvez pas l'écarter ; vous êtes en face du législateur, vous devez vous incliner devant lui. Mais que si l'on veut, par une dérogation étrange à tous les principes du droit, que si l'on veut appeler décision administrative ce qui est la loi ; que si l'on veut faire jugement administratif ce qui est la toute-puissance de la législation, vous vous trouvez en présence de la loi commune, en présence de la jurisprudence et de la doctrine, qui vous disent que l'autorité fût ou ne fût pas compétente, qu'elle eût qualité ou qu'elle n'eût pas qualité pour statuer sur le droit, si elle a statué, si elle s'est arrogé le droit de statuer, si elle a décidé, vous devez vous arrêter.

Ainsi, ce n'est pas parce que vous êtes compétents au fond que vous devez absolument, nécessairement réserver la compétence, non. Ici nous avons la préférence, et, pour vous barrer chemin, vous rencontrez devant vous un arrêté administratif. Voici le droit, voici la loi ; quelque légal que cet arrêté soit, ou quelque incompétemment qu'il ait été rendu, vous devez encore vous arrêter, parce que, je vous le répète, vous ne devez pas justifier un empiètement par un autre empiètement.

Telle est, Messieurs, cette cause. Vous comprendrez notre réserve, vous sentirez, et tout le monde comprendra avec vous qu'il est des points que nous n'avons pas voulu, que nous ne pouvions pas aborder. On comprendra que nous avons dû nous faire violence en nous arrêtant ici et en ne répondant pas à une seule des articulations sorties de la bouche des défenseurs; qu'organe de la loi, nous devons donner l'exemple du respect, de la soumission à la loi ; on comprendra aussi que, par respect pour votre décision à venir, pour ne pas empiéter sur ce que vous déciderez dans votre sagesse, nous ne fassions pas excursion dans le domaine du fond, que nous n'allions pas examiner la validité des contrats ; on comprendra ceci, que nous avons dû rester dans le cercle étroit, mais vrai, de la question qui vous est soumise.

Et maintenant, nous remettons entre vos mains le sort de cette cause, parce qu'elle se lie essentiellement avec le dépôt des lois qui vous est confié. Nous savons que vous ne souffrirez pas que personne porte la main sur vos prérogatives.

M⁰ BERRYER. Messieurs, après le plaidoyer de mon honorable confrère, après ce que vous avez entendu, ce que nous avons entendu tous, après ce discours si complet, si satisfaisant pour l'intelligence, pour le bons sens, pour la raison, pour la connaissance et la science du droit et des lois, après que tous les sentiments d'honneur, tous les sentiments nationaux, tous les sentiments de notre pays, ont obtenu une satisfaction aussi large, je craindrais de paraître penser un moment qu'il y a autre chose à dire.

Et cependant, je ne puis pas résister au besoin de répondre quelques mots, après les paroles qui viennent de sortir de la bouche du ministère public.

Ce n'est pas une réfutation que je veux faire de son réquisitoire : il a été noblement et énergiquement réfuté d'avance. C'est une protestation que j'élève, au nom de la robe que je porte, au nom du barreau auquel j'appartiens depuis quarante ans, au nom de la magistrature gardienne de ces lois que j'ai défendues envers et contre tous pendant ma vie entière. Je proteste au nom des institutions et des droits les plus fondamentaux de mon pays, au nom de ces vieux murs, où pendant des siècles on a rendu la justice et consacré les principes protecteurs de la société, principes qui seraient tous renversés et annulés si la doctrine que vous avez entendue soutenir pouvait triompher. Je proteste au nom de tous les propriétaires, de tous les pères de famille, de tous les citoyens qui n'auraient plus d'existence assurée en France si la doctrine du ministère public était écoutée un moment. (*Mouvement très-marqué dans l'auditoire.*)

Qu'est-ce à dire ? Est-ce donc qu'en effet nous auri on s hez nous un droit, un principe de droit ? — Je flétris le mot ! — Est-ce que nous aurions chez nous une autorité, un pouvoir quelconque, qui serait placé au-dessus de toutes les lois ? ou bien serait-ce donc qu'après quatorze siècles d'existence ce vieux pays de France n'aurait pas de principes ? Est-ce que ces institutions, que nous croyions si profondément divisées et limitées, par un travail laborieux et cruel de soixante ans de révolution, ne seraient pas définies ? Est-ce que nous ne saurions pas ce qu'elles sont, ce qu'est le pouvoir judiciaire en présence des autres pouvoirs ? Quoi ! cela serait ignoré, douteux, incertain ! Nous en serions à consulter la portée et le sens des articles 10, 13, 17 de la loi du 24 août 1790 !

Comment donc avons-nous vécu, et avons-nous vieilli ? Comment avons-nous compris les lois et les institutions sous lesquelles nous vivons ? Comment sommes-nous arrivés à notre âge, dans cette incertitude et cette perplexité ?

Quoi ! il y a là quelque chose d'incertain ; quoi ! l'autorité de la justice, on l'ignore dans le pays des plus grands justiciers du monde, dans le pays qui a prévalu précisément par cette magnificence avec laquelle la justice y a été départie aux citoyens, dans ce pays dont les plus vieux rois, celui notamment qui là-bas priait vis-à-vis de moi (l'orateur désigne du geste la Sainte-Chapelle) faisait du titre de *grand justicier* son plus noble titre ! Quoi ! cette France ne saurait pas ce que

c'est que le pouvoir judiciaire ! elle n'en connaîtrait pas l'é-
tendue, les limites, et des avocats vieillis sous le harnais vien-
draient émettre des doctrines qui ébranleraient l'autorité des
pouvoirs publics, parce qu'ils revendiqueraient l'action des lois
et l'autorité qui vous appartient !

Non, Messieurs, toujours, et dès le premier jour, l'autorité
judiciaire a été maintenue, maintenue dans son essence, dans
la nature de ses pouvoirs, dans l'étendue de ses pouvoirs.

Quelle que soit la modification des institutions, quel que soit
le mouvement des révolutions, l'essence, la nature, la portée,
le caractère, l'objet, l'étendue, l'indépendance, l'omnipotence
du pouvoir judiciaire, tout cela est consacré par notre vie politique toute entière. C'est notre nationalité. (*Nouveau mouvement.*)

Que disent, en effet, les lois qu'on vous a citées ? Elles dé-
terminent un changement dans la distribution des institutions
publiques : ces pouvoirs politiques, réunis au pouvoir judiciaire
dans nos vieux parlements, on les a retirés ; ce mélange de
pouvoir législatif, qui tenait au droit d'enregistrer les édits ou
au droit de faire des arrêts de règlements, a disparu sans doute ; mais, en constituant le pouvoir exécutif chargé d'administrer la chose publique, une autorité administrative et un
pouvoir législatif parfaitement distincts et en dehors du pouvoir judiciaire, sous la charge d'appliquer la loi, on n'a pas ravi
à l'autorité judiciaire son plus noble caractère, qui est celui
d'être la gardienne de la propriété et des droits privés.

Je ne relis pas les textes, je ne relis pas la Constitution de
91, qui interdit aux autorités administratives de rien entre-
prendre contre l'autorité judiciaire. Toutes ces choses, vous le
savez de reste.

Mais je dois dire, et je dirai au ministère public que si les
tribunaux sont investis par dessus tout pour la sûreté de la
société, pour son existence même, du droit de juger toutes les
questions de propriété qui leur sont soumises; que, si ces
questions leur appartiennent exclusivement, c'est surtout dans
les matières domaniales, dans les matières qui intéressent le

domaine, dans toutes les questions qui touchent aux droits domaniaux, que la compétence des tribunaux est exclusive.

Et pourquoi?

Ne confondons pas. L'Etat, le Gouvernement, le pouvoir administratif et exécutif, l'administration publique,... oui, elle est chargée de gérer la chose de tous, elle est chargée de l'exécution des lois, elle est chargée d'administrer ces intérêts communs à tous les citoyens au nom et en vertu des lois communes à tous et qui pèsent sur tous. Mais elle a un autre titre aussi. Elle est dépositaire de la fortune publique, elle est dépositaire du Domaine. Or, quand l'administration publique agit au nom du Domaine, dans un intérêt de propriété, elle n'agit plus, à vrai dire, comme pouvoir administratif, elle agit en qualité de propriétaire, et, dès ce moment, toutes nos lois, toute la pratique de nos lois, la mettent de niveau avec les plus simples particuliers. Toutes les fois que le Domaine est en lutte avec un intérêt privé, toutes les fois qu'un droit domanial est revendiqué et contesté au nom d'un droit et d'un intérêt privé, la compétence des tribunaux est exclusive, et c'est là surtout, je le répète, que cette compétence est générale, universelle, absolue. Oui, en matière domaniale et dans toutes les questions où il y a un intérêt de propriété privée en lutte avec ce grand intérêt de la propriété publique, alors il y a une compétence nécessaire, absolue, universelle de l'autorité judiciaire et de l'autorité judiciaire seule.

Sont-ce là des vérités qui soient contestables?

Passons par les souvenirs des temps les pius violents, vous retrouverez cette maxime, et vous la trouverez respectée, à savoir : que l'Etat ne peut pas être juge dans sa propre cause, qu'il ne peut l'être à aucun degré dans les questions domaniales en lutte avec l'intérêt privé. Oui, cette maxime, vous la retrouverez à toutes les époques.

Si j'interroge la loi de 1790 qui constitue, qui détermine ce que c'est que le Domaine public, je vois qu'elle s'arrête et qu'elle dit qu'il n'y a d'exceptions à tous les règlements qu'elle pose, que l'autorité *de la chose jugée*, c'est-à-dire que l'autorité judiciaire.

Si je vais plus avant dans la marche de nos révolutions, j'arrive à la loi de l'an VII.

Qu'est-ce que la loi de l'an VII? Un acte terrible qui révoque universellement toutes les aliénations faites du Domaine public, qui déclare que tous les *engagements* sont pleinement et entièrement révoqués.

Pourquoi? C'est que le principe était, en effet, l'inaliénabilité et l'imprescriptibilité du Domaine public. La loi de l'an VII est venue dire : Toutes les aliénations du Domaine sont révoquées, à quelque titre et de quelque manière qu'elles aient été faites.

Mais cette révocation prononcée, que lisez-vous dans l'art. 26 ou 27 de cette même loi? Vous lisez que, s'*il y a d'une manière quelconque*, et ce sont les termes, *une question de propriété qui soit soulevée*, à l'instant c'est aux tribunaux seuls, aux tribunaux exclusivement qu'il appartient de prononcer.

Ainsi, la législation qui réagissait avec le plus d'énergie contre le passé, qui voulait caractériser comme abusif tout ce qui avait été fait avec réserve de droit depuis 1566 (car, depuis le chancelier de Lhôpital, il n'y avait plus d'aliénations sans cette réserve, c'étaient des *engagements*), cette législation s'arrête, et aussitôt que l'intérêt privé est en face de l'intérêt domanial et public, quand la question de propriété est soulevée d'une manière quelconque, la loi de l'an VII, si énergique contre ce qui avait été fait depuis des siècles, s'arrête et dit : C'est aux tribunaux seuls qu'il appartient de juger.

Je sais qu'il y a des exceptions à ce que j'appelle l'universalité, la propriété de ce principe. Ces exceptions, nous les avons trouvées dans les lois de confiscation, dans les lois de violence, et c'est ainsi que M. l'avocat de la République a commis une erreur. En matière de biens confisqués pour cause d'émigration, il est très-vrai que les ventes faites par le Domaine sont interprétées, expliquées, développées, jugées, appréciées par l'autorité administrative, et l'autorité administrative toute seule; mais il est bien vrai aussi que, en 1813, le domaine s'étant écarté de cette spécialité, de cette exception posée par une législation violente, comme celle de la confiscation des biens d'émigrés, législation de guerre, et de guerre civile, le Domaine ayant abusé de l'exception, et de ces mots : « Biens nationaux,» ayant fait l'application à des biens qui n'avaient pas cette origine, l'Empereur a rendu son décret, sous la date du 6 novembre 1813, où il dit : « C'est exclusivement à l'égard des domaines nationaux et provenant de la confiscation, que le droit d'interpréter et de décider a été conféré à l'autorité administrative. » Toutes les exceptions au droit fondamental doivent être restreintes dans leurs limites, et, en conséquence, les actes de l'autorité administrative qui étaient allés au-delà de cette exception, lesquels ne concernaient que les domaines provenant de la confiscation sur les émigrés, ces actes ont été annulés par un décret.

A toutes les époques, sur les actes de toute nature, dans des questions de toute espèce, la compétence des tribunaux en matière de propriété, et principalement dans tout ce qui avait le caractère de question domaniale, a été profondément respecté.

On vous lisait tout à l'heure des arrêts. J'ai été frappé, en les écoutant, de leur rapport avec la question actuelle; on a lu l'arrêt Palmer, je crois. Il s'agissait d'un droit public consacré par la loi, du droit d'aubaine. Un étranger meurt en France, son bien est acquis à l'Etat. C'était la loi fondamentale, la loi réglementaire du pays. Le Domaine s'en saisit. Qu'arrive-t-il ? Quelqu'un se présente qui dit avoir été donataire, que l'aubain avant de mourir lui a fait une donation. On soutient, au nom du Domaine, la compétence de la jurisprudence administrative. L'arrêt est de 1808, si je ne me trompe, et il porte que : du moment où il y avait une donation alléguée, la question ne pouvait plus être résolue que par les tribunaux, et, en conséquence, renvoi devant les tribunaux.

Dans une autre circonstance, il s'agit d'un condamné, d'un homme poursuivi criminellement. Le Domaine s'était saisi par voie de confiscation sur poursuite criminelle ; mais, quand il est saisi, on vient élever une réclamation à titre d'acquéreur. On vous a lu le décret rendu. En matière de confiscation comme en matière d'exercice du droit d'aubaine, l'Etat avait sa mainmise. Mais voilà qu'on prétend qu'il y avait vente antérieure à la confiscation, et le décret impérial porte textuellement qu'il n'appartient qu'aux tribunaux de prononcer.

Combien d'espèces ont une analogie complète avec les questions qui vous sont soumises ! Je ne voudrais pas fatiguer l'attention du tribunal, mais il y a des monuments qu'il faut rappeler puisqu'on nous écarte tant de ce que nous avons appris et pratiqué toute notre vie.

Il s'est présenté une question où l'incompétence a été aussi proposée ; la voici :

Une forêt avait été aliénée en 1604, c'était la forêt de la Chevaucherie. Le Domaine s'en prétendit propriétaire, dit que cette forêt dépendait des biens personnels du roi Henri IV avant son avènement au trône, et que, conséquemment, il y avait eu dévolution de la forêt au Domaine, par suite de l'avènement du roi Henri au trône. Il y a contestation. La contestation a deux objets; d'une part, on dit : Non, cela ne faisait pas partie du Domaine privé de Henri IV; et, d'autre part, la forêt a été vendue, en 1604, à la fois par Henri IV et Catherine de Bourbon, qui étaient co-propriétaires. La copropriété était indivise entre eux. Par suite, le Domaine ne pouvait pas avoir la dévolution de la totalité de la forêt. On plaida. Les tribunaux furent saisis, et la Cour de Limoges a prononcé, après vérification, que la moitié de la forêt avait en effet fait partie des biens particuliers du roi Henri avant qu'il montât sur le trône, mais que l'autre moitié appartenant à la princesse Catherine de Bourbon, le Domaine, dans cet état d'indivision, n'avait pas dû s'emparer de la propriété et qu'il n'y avait pas eu dévolution pour cette partie. La cause a été ainsi jugée à ce point de vue.

Il y a des questions plus rapprochées peut-être encore de la nôtre. Je supprime une multitude de citations; cependant il faut en reproduire une, parce qu'elle est parfaitement analogue.

J'ai déjà défendu, en 1834, les principes que je défends aujourd'hui. Je les ai défendus contre l'administration et le Gouvernement qui subsistaient alors. Je n'aurai pas la lâcheté d'avoir à une autre époque, dans d'autres circonstances et sous

d'autres gouvernements, un autre langage, ni quelque hésita-
tion à défendre les mêmes principes et les mêmes vérités.

La loi de 1832 avait déclaré que les princes de la branche
aînée de la maison de Bourbon étaient expulsés de France......
je ne me rappelle pas le mot ; mais peu importe ! qu'ils ne
pouvaient plus rien posséder en France.

Dans cet état de dépossession par la loi, le Domaine est venu
faire appréhension de la terre et du château de Chambord. Il
a demandé au juge de paix d'apposer les scellés sur tous les
papiers, et il a voulu faire acte de possession. Un référé a été
introduit. La question de compétence a été portée immédiatement devant le tribunal de Blois.

Quelle est la question qui a été posée ? Etait-ce de dire que
la loi de 1832 n'était pas une loi, qu'elle n'avait pas ravi au
duc de Bordeaux le droit de posséder en France, un an après
l'expiration du délai fixé pour la vente, les biens des princes de
la branche aînée ? Non. On a dit : « Il n'y a pas d'apanage, il
n'y a pas de droit de retour à l'Etat. Le Domaine s'en empare
indûment. » Les tribunaux ont eu à juger une question de
propriété. Y a-t-il, ou n'y a-t-il pas dévolution ? C'est la question que nous élevons aujourd'hui. Y avait-il apanage, ou n'y
avait-il pas apanage dans la constitution de la propriété de
Chambord ? C'était la question qui s'agitait en 1834.

La compétence a été reconnue par les juges de Blois. L'appel
sur la question de compétence n'a pas même été interjeté. Aucun conflit n'a été élevé par l'autorité administrative. Elle a
reconnu que la négation du fait d'apanage, comme aujourd'hui
la négation du fait de dévolution, soulevait une question de
propriété, et les tribunaux ont dit : C'est à nous seuls qu'elle
appartient. A côté des lois, pour l'application des lois, il n'y
a que nous ; nous ne les faisons pas exécuter, nous magistrats,
mais nous veillons à leur application, nous veillons à ce que
cette application ne soit ni trop restreinte ni trop étendue.

On était venu dire que le Domaine public devait être investi de la terre de Chambord, par ce que c'était un apanage.
On a élevé la négation de l'apanage comme on élève aujour-
d'hui la négation de la dévolution. Les tribunaux se sont dé-

clarés saisis. On a plaidé sur la question au fond en première instance, en appel; on est allé devant la Cour de cassation. Le droit a été reconnu, c'est-à-dire qu'il a été jugé qu'il n'y avait pas d'apanage; et, en conséquence, monseigneur le duc de Bordeaux a été maintenu dans la propriété du domaine de Chambord.

Voilà les principes, tels qu'ils ont été reconnus dans tous les temps, tels qu'ils ont été appliqués invariablement et d'une manière absolue, et je le répète, d'une manière encore plus absolue, toutes les fois qu'il s'agissait de droit domanial. Jamais l'autorité administrative n'a pu porter atteinte au droit qui appartient aux tribunaux et qui a toujours été revendiqué par eux. C'est là ce qu'il y a de plus fondamental dans notre pays.

On vous rappelait tout à l'heure, dans un magnifique arrêt de la Cour de cassation, cette expression, cette formule qui était dans tous les actes du gouvernement avant 89, qui y était sous-entendue quand elle n'y était pas expressément. Toutes les fois qu'on faisait une disposition domaniale, un règlement domanial, toutes les fois qu'on prenait une décision domaniale, on terminait ainsi : « *Sauf notre droit en autre chose et l'autrui en tout.* »

Voilà, Messieurs, le droit fondamental de la France. Voilà le principe sur lequel vit cette société. C'est la protection, la garantie de tribunaux libres, indépendants, inamovibles, qui fait la sécurité de la société française, et qui lui serait ravie si la doctrine qu'on vous a exposée pouvait triompher.

Je ne puis pas m'empêcher de dire que ce qui est propre à notre belle nation est propre à toutes, et ici, je demande pardon de citer un souvenir historique; on me le rappelait l'autre jour, c'était M. Dupin. Tacite en son endroit, fait un grand éloge de Tibère, en disant de lui, dans son langage expressif et concis :

Rari per Italiam Cæsaris agri, modesta servitia, intra paucos libertos domus,... ac, si quando cum privatis disceptaret, forum et jus.

« Tibère était pauvre, Tibère avait peu de biens en Italie,

ses domaines étaient médiocres ; sa maison était habitée par peu d'affranchis, *paucos libertos*; mais , quand il était en contestation avec des particuliers, *quando cum privatis disceptaret*, les tribunaux et la loi prononçaient, *forum et jus.* »

Voilà ce qui est le droit dans tous les temps, voilà le droit sans lequel il n'y a pas de société, et on a loué un tyran d'avoir su respecter ce principe fondamental !

Aujourd'hui, que nous vient-on dire ? Vous réclamez des juges, vous demandez à être maintenus dans une incontestable possession, qui vient d'être ébranlée par un acte de violence, vous n'aurez pas de juges.

Sans examiner même le droit, je l'ai dit à l'Assemblée constituante : peu importe qu'il s'agisse de rois, de princes ou de particuliers ! Plus on descendrait la question, plus on la rendrait respectable. Dans tous les cas, c'est la même chose.

On vient, je le répète, nous dire : sur quelque fondement que votre droit de propriété soit appuyé, quelque système que vous présentiez, que vous ayez ou que vous n'ayez pas d'autres titres que celui qui a été ébranlé, qu'il y ait dans votre situation quelque chose qui vous permette de vous maintenir propriétaires du moins d'une partie, il n'y a pas pour vous de juges, il n'y a pas pour vous de tribunal, le tribunal ne peut pas retenir la cause.

Messieurs, lorsque le préfet, qui est demandeur à fin de déclaration d'incompétence, a présenté la demande devant vous, il a été fort embarrassé sur la manière dont il devait dénommer l'acte du 22 janvier 1852, il l'a présenté comme un acte de Gouvernement et de haute administration ; il semblait dire que c'était un acte politique. C'était la portée la plus naturelle des qualifications adoptées par le Préfet de la Seine.

Le ministère public, aujourd'hui, donne au décret un autre caractère : c'est un acte législatif.

Tout ce qui est homme de droit, homme de bon sens, homme de raison, s'est dit : Un acte législatif! Mais la première de toutes les conditions d'un acte législatif est écrite dans le Code civil : c'est de n'avoir pas d'effet rétroactif. Qu'est-ce donc qu'un acte législatif qui déclare qu'aujourd'hui, en 1852, ou doit considérer comme nul, à dater du 7 août 1830, un acte privé, un acte particulier, qui a été fait à cette époque? Cela ne se comprend pas ; et, à cause de la rétroactivité, qui est un caractère intolérable dans la loi, inadmissible, repoussé par tous, que les tribunaux ne doivent jamais admettre, et dont ils ne doivent jamais faire l'application ; à cause de la rétroactivité, et à cause de cette décision spéciale, particulière sur un acte déterminé, sur un acte de famille, sur un acte privé, sur une donation, en un mot, on vous dit : cela n'est pas une loi, cela ne doit pas être considéré comme une loi !

On s'écriait tout-à-l'heure, et avec quelle raison, avec quel cœur, avec quel talent.....! Mais si c'est une loi, c'est donc en dehors de toute application des lois ! C'est donc un acte de loi violente, un acte de loi politique, c'est une confiscation !.... Dites-le !

Deux décrets ont été rendus le même jour. Le premier est une loi, si vous voulez, un acte législatif, mais un acte législatif tout politique, qui, par des considérations sur lesquelles les tribunaux n'ont à porter aucune appréciation, dit qu'il est d'intérêt public, que les princes de la Maison d'Orléans ne possèdent pas en France, et qu'ils soient tenus de vendre leurs propriétés dans un délai d'un an.

Voilà bien un acte politique. On aurait pu faire une loi dans toutes les formes constitutionnelles, tout aussi bien qu'on a fait un acte émané seulement du chef de l'État, d'une façon qui n'est pas définie, qui n'est pas régulièrement déterminée ; mais appellerez-vous une loi cet acte d'autorité supérieure par lequel vous tranchez toutes les questions, vous disposez de la propriété, vous annulez tous les contrats ? C'est un acte de confiscation. Déclarez-le donc hautement, si vous voulez arriver à la confiscation en dénaturant le caractère de l'acte, en faisant violence aux considérants qu'il renferme, et commençant par ces mots : « Ne voulant porter aucune atteinte à la propriété.» Si vous dites qu'il y a là l'expression d'une volonté souveraine, absolue, législative, devant laquelle tout le monde doit s'arrêter, ce n'est pas un déclinatoire que vous proposez, ce n'est pas une incompétence que vous présentez au Tribunal, c'est une raison de décider au fond. Nous revendiquons notre propriété, et le Tribunal, saisi de la question, obligé de juger, nous accordant le *forum et jus*, le Tribunal jugera et dira : « Attendu qu'une loi souveraine s'est emparée de la propriété, et, par voie de confiscation, en a fait attribution au Trésor, etc. » C'est un jugement cela ; ce n'est pas un déclinatoire, ce n'est pas une déclaration d'incompétence.

Ce n'est pas ainsi, on en a fait facilement la concession, que l'administration a envisagé le droit.

On vous a dit : c'est un acte de l'autorité publique, un acte du chef du Gouvernement, du chef de l'administration, qui proclame une revendication, qui demande une réintégration, qui enjoint à tous les agens de l'administration de poursuivre la revendication et la réintégration au domaine de biens qui auraient dû lui appartenir : voilà le caractère de l'acte.

Mais quand un acte pareil existe, est-ce que la discussion n'est pas permise, est-ce qu'elle n'est pas nécessaire ? Est-ce que, en face d'un acte d'administration qui dispose de mon bien, ma réclamation ne doit pas pouvoir être portée devant les tribunaux ?

Je suppose une loi ; nous en avons une qui a été rendue dernièrement, qui ordonne la vente de forêts de l'État pour 50 millions; puis vient un décret qui détermine que telles ou telles forêts vont être mises en vente ; ce sera exactement l'hypothèse dans laquelle nous nous présentons. Est-ce que le recours devant les tribunaux serait interdit à celui qui viendrait dire : « De ces forêts que l'on aliène, il y en a une portion qui m'appartient. Je revendique ma propriété ? » Est-ce que l'action en revendication ne serait pas admise devant les tribunaux ? Mais si, incontestablement.

Il y a un acte émané du Gouvernement, cela est incontestable ; un acte de l'administration, cela est incontestable. Que dit cet acte ? Qu'il considère la donation du 7 août comme nulle et comme n'existant pas, et que, conséquemment, le domaine doit-être réintégré dans la possession des biens compris dans cette donation. Et nous, que venons-nous dire ? Le principe en vertu duquel on prétend déterminer la réintégration des biens n'est pas applicable. Or, à qui s'adresse-t-on, en matière de propriété, pour faire déterminer s'il y a lieu ou s'il n'y a pas lieu à l'application de la loi ? n'est-ce pas aux tribunaux, et aux tribunaux souverainement ?

On est allé plus loin, et à cela il n'a rien été répondu. On aura pour le décret tout le respect qu'on voudra avoir ; je n'aborde pas ici la question, je ne parle pas de l'absurde système de dévolution, système qui a été renversé; et ce n'est pas en 1804 qu'il l'a été, ce n'est pas en 1830; il l'a été en 1790 et 1791, le jour où l'on a constitué une liste civile. De ce jour là, il n'y avait plus aucune raison au principe de la dévolution. Pourquoi y avait-il dévolution en France ? parce qu'il n'y avait aucune distinction des biens propres du roi et des biens de l'État, parce que tout e cqui appartenait au roi appartenait à l'Éta, parce que tout ce qui était dans les mains de l'État était au roi et que le roi en disposait librement. Voilà d'où avait découlé le principe de la dévolution. Mais le jour où l'on a circonscrit le droit de l'État et le droit du roi, le jour où l'on a déterminé qu'il y aurait un domaine public distinct du domaine du roi, le jour où l'on a dit : le roi aura une liste civile et ne pourra disposer que par la loi de rien de ce qui excédera la liste civile, de ce jour là, il n'yavait plus de raison au principe de la dévolution.

Qu'en 1791, Louis XVI étant encore sur le trône, les choses se soient continuées, que l'empire de la tradition ait fait introduire encore le principe de la dévolution dans la loi, cela s'explique : c'était obéir à l'usage, mais ce n'était plus obéir à la logique des choses et de la situation nouvelle.

Qu'en 1814, lorsqu'on a fait la Liste civile, on ait encore repris dans cette Restauration des souvenirs des temps anciens, cette obligation pour le roi de se marier au pays, de se vouer au pays, de *se dédier au pays*, comme disait Henri IV, de ne plus s'appartenir, de sortir de la classe générale des hommes pour être le roi, c'est-à-dire la représentation de la souveraineté publique dans le pays, une sorte d'abstraction; que, par la puissance des idées traditionnelles, à côté de la loi

qui constituait la Liste civile, on ait encore dit que le roi
n'était plus un propriélaire, qu'il n'avait plus de droits indi-
viduels, que tout ce qu'il possédait avant de monter sur le
trône appartenait à l'État, parce qu'il s'absorbait lui-même
dans l'État, je dis que c'est encore là une obéissance aux idées
traditionnelles, mais que ce n'est pas une idée logique.

Aussi, l'Empereur l'avait bien compris, et quand on vient
dire, sous la signature de Bonaparte, que c'est là une maxime
fondamentale, on oublie les constitutions de l'Empire, on oublie le décret impérial sur la Liste civile impériale, on oublie que dans un ordre nouveau, dans une création nouvelle,
dans une organisation nouvelle, le principe de dévolution a
été complètement rayé par les raisons si décisives que dé-
veloppait tout à l'heure, en rappelant les paroles mêmes de
l'Empereur, mon honorable confrère, Mᵉ Paillet.

Je soutiens donc que, venant au fond, lorsqu'il apparaît un
acte public, un acte de l'administration, un acte du Gouvernement qui, se fondant sur un principe de droit, déclare qu'il y a
lieu de réunir une propriété au Domaine de l'Etat, je soutiens qu'il y a lieu de revendiquer le droit de propriété, de
revendiquer le maintien dans la possession où l'on est, et de
venir contester l'application du principe en vertu duquel on
veut faire l'attribution à l'Etat.

Et c'est là le fond de notre procès, c'est là le fond de
notre contestation. C'était le fond sur la question de savoir
s'il y avait ou non apanage dans la propriété du domaine de
Chambord. Or, c'est la même question aujourd'hui. Y a-t-il eu,
y a-t-il pu y avoir dévolution en 1830, lorsque, sur le vote
des Députés réunis, et avec l'adhésion des Pairs, il a été
constitué une royauté nouvelle suivant un contrat qui la
plaçait, cette royauté, sous le libre arbitre et le changement
de volonté de la Nation? Y a-t-il pu y avoir alors quelque
application du principe de dévolution? Nous disons non, et je
n'aborde pas maintenant la question du fond en ce qui
touche l'autorité que la loi de 1832 a donnée à l'acte du
7 août 1830.

Nous vous disons, et à cela encore il n'a pas été répondu :

Jugez cette question de savoir s'il y avait matière à dévolution, elle vous appartient. Et quelle est donc, dans les questions domaniales, quelle est donc celle qui n'appartienne pas, quelles que soient les parties intéressées, à la justice, et sur laquelle les tribunaux, dans tous les cas, n'aient pas eu le droit de prononcer? Il n'en est aucune qui soit supérieure à la nature de nos pouvoirs, de ces pouvoirs dans lesquels vous allez et vous devez vous maintenir.

Nous allons plus loin : Quand il serait vrai que la donation du 7 août fut nulle, nous soutenons que nous avons un titre nouveau, et c'est en effet un titre nouveau que constitue la prescription.

Quand on possède, en vertu d'un titre régulier, d'un titre qui peut être vicieux dans le fond, mais qui est régulier en la forme, quand on a possédé en face de celui qui se prétend propriétaire, et qu'on a possédé pendant 10 ans, ou pendant 20 ans, si ce n'est pas dans le même ressort, on acquiert la propriété. C'est un titre nouveau que la possession décennale ou la possession de 20 ans, c'est un titre incontestable établi par le Code civil, c'est un titre sacré. Eh bien ! en vertu d'un titre apparent, régulier en la forme, nous avons possédé pendant 10 ans, pendant 20 ans, nous invoquons ce titre à côté de votre décret.

Et quand nous venons dire : « On nous a troublés dans notre possession; » conteste-t-on que nous fussions en possession? conteste-t-on la possession des princes d'Orléans la veille du jour où l'on est venu faire un acte de violence à la porte de Monceaux et à la porte de Neuilly?

Nous demandons à être maintenus, on nous oppose un décret qui déclare que le titre du 7 août 1830 est un titre nul, et nous répondons devant les tribunaux et la justice : Nous étions possesseurs, nous sommes devenus propriétaires par la possession, par 10 et 20 ans de possession; en face de celui auquel on prétend que la possession aurait dû être attribuée, nous invoquons ce titre nouveau, nous venons devant les tribunaux dire : Donnez-nous des juges : *Forum et jus.*

Et les ventes, et les emprunts, et les hypothèques, et les testaments, et les contrats de mariage..., qui sont intervenus, et desquels a dérivé la propriété pour des tiers. Je n'entre pas dans les considérations sur ce qui a pu déterminer la forme du décret; mais je touche à un détail.

Le roi de Belgique est veuf; il a des enfants, des enfants mineurs. Il y a eu une constitution de biens par contrat de mariage. Ce prince a tous les droits qui résultent de cette constitution matrimoniale, ses enfants mineurs ont tous les droits qui en résultent, tous les droits de leur mère; ils possèdent, depuis la mort de leur mère, en vertu du contrat de mariage et par le fait du contrat de mariage.

Le duc de Wurtemberg est veuf aussi. Pour lui, aussi, il y a eu un contrat de mariage, dans lequel ont été inscrites toutes les stipulations matrimoniales.

Le roi de Belgique et le duc de Wurtemberg ont la garde-noble des biens de leurs enfants. Ils en ont la possession et pleine propriété. Ont-ils autre chose à invoquer, comme titre de propriété, que ce contrat de mariage, et leur titre à la main ne peuvent-ils pas demander que leur possession soit maintenue?

Et quand ce titre est invoqué, vous venez dire : il y a une loi !

Mais il y aurait donc une loi au-dessus de toutes les lois ; un droit au-dessus de tous les droits. Comment! vous n'accorderez pas de juges pour savoir si l'effet des contrats de mariage a été tel que la possession, en vertu de ces contrats, ne soit pas incontestable, que les mineurs qui ont des droits, en vertu de ces contrats, n'ont pas pu les perdre, que les pères qui ont la jouissance pendant la minorité de leurs enfants, doivent être maintenus en possession en vertu d'actes aussi sacrés, aussi solennels, aussi inébranlables. Vous viendrez dire que ce sont là des questions pour lesquelles on ne trouvera pas en France, un tribunal et des juges ! *Forum et jus!* Donnez-les à tous les princes de la famille d'Orléans qui disent que la propriété leur est acquise. *Forum et jus!* Ne les refusez pas au roi de Belgique qui a son contrat de mariage, ne les refusez pas au duc de Wurtemberg qui a son contrat de mariage, ne les refusez pas aux mineurs qui ont hérité des droits de leur mère. *Forum et jus* ! C'est là ce que nous vous demandons (*Mouvement très-prononcé*).

Et que nous dites-vous aujourd'hui ? vous dites : Cette possession, elle vous est enlevée par un décret, et, d'ailleurs, la prise de possession a été faite régulièrement.

Par un décret ! Mais vous n'êtes plus juges que de nom, vous disait tout à l'heure M⁰ Paillet, nous n'avons plus de tribunal Car n'est-ce pas là une question qui vous soit essentiellement dévolue et qui soit fondamentalement de votre compétence? On est venu opérer sur nos biens la main-mise du domaine, on est venu prendre une possession violente des biens qui ne sont même pas compris dans le décret du 22 janvier. Vous invoquez celui du 27 mars. Mais remarquez donc que l'irrégularité, que le vice de la prise de possession est consacré par ce décret même. Ce décret reconnaît que la propriété de Monceaux est indivise entre les donataires du 7 août 1830 et la succession de Madame Adélaïde.

Voilà ce que reconnaît le décret, et vous dites que vous avez pris possession régulièrement? Et je n'aurai pas le droit de saisir les tribunaux de la question de savoir si vous aurez pu me déposséder, moi qui suis co-propriétaire au moins, quand bien même vous feriez tomber ma qualité de donataire, quand vous feriez tomber ma qualité de propriétaire, devenu tel par la prescription ! Vous m'empêchez, en vertu de votre décret, de rester propriétaire de ce que ce décret n'atteint pas; vous allez vous en emparer, vous vous en êtes emparé violemment, et il n'y aura pas de refuge pour un citoyen qu'on dépouille ainsi?

Mais j'ai cent arrêts, cent décisions du conseil qui ont déclaré que quand une concession avait été faite par l'État et qu'on venait réclamer l'objet concédé par l'État, les tribunaux seuls étaient compétents.

On n'a pas cité un arrêt que j'ai lu et qui est concluant. C'est un arrêt de la Cour de cassation. Il est rendu dans une espèce identique avec la cause actuelle.

Voici de quoi il s'agissait :

Le roi, par une ordonnance du 26 janvier 1826, avait fait une concession. MM. de Gauvelot se prétendent conces-

sionnaires de la même terre et de la même propriété, et
cela en vertu d'une concession qui aurait été faite à leurs aïeux
sous le roi Charles VIII, et qui aurait été confirmée par le roi
Louis XIV. Il y avait un acte souverain; il y avait, dans une
des matières où le Gouvernement peut aliéner le domaine une
concession faite par ordonnance du roi, acte complètement
législatif. MM. de Gauvelot ont réclamé et ont dit : « Le roi
dispose de ce qui ne lui appartient pas, il dispose de ce qui nous
appartient depuis Charles VIII et Louis XIV. » Et la maison
d'Orléans, Messieurs, peut bien faire remonter aussi loin l'o-
rigine des biens patrimoniaux qu'elle défend aujourd'hui.

Qu'est-il arrivé ? Les premiers juges ont cédé à cet argument
qu'il y avait une ordonnance du roi, que l'entrée en possession
s'était faite régulièrement en vertu d'un acte législatif. Il y a
eu jugement en première instance, il y a eu arrêt ou appel qui
a déclaré que les tribunaux administratifs étaient seuls compétents, que les tribunaux ordinaires ne pouvaient pas statuer
sur cette question de propriété, en face d'une ordonnance du roi
qui faisait une concession. Mais écoutez la Cour de cassation :

« Vu l'art. 4 du titre IV de la loi du 16 août 1790.

« Attendu, en droit, que lorsque le Gouvernement, autorisé
par une loi, concède une partie du Domaine public ou du
Domaine de l'Etat, il ne figure pas dans l'acte comme pouvoir
administratif procurant l'exécution des lois par des règlements
ou des décisions, mais qu'il stipule comme représentant l'Etat
propriétaire, et aliénant par une convention de droit civil une
partie de ce Domaine ; que cet acte n'est pas un acte d'autorité, mais un contrat formé par le concours de deux volontés ;
que les questions de propriété auxquelles donne lieu l'exécution de cet acte sont de la compétence des tribunaux ;

« Annulle l'ordonnance. »

Voilà, Messieurs, la décision de la Cour de cassation, en
face d'un acte législatif, en face d'un décret.

Eh bien ! nous vous disons : Non-seulement nous contestons
les motifs sur lesquels l'acte administratif est fondé ; mais nous
avons par notre possession un autre titre que l'acte qui est
invalidé et contesté, que l'acte du 7 août 1830.

Nous ajoutons, et ce sont là des conclusions sur lesquelles il n'y a qu'un tribunal qui puisse statuer : le décret n'est pas applicab'e ; c'est à tort qu'on a opéré la prise de possession en vertu de ce décret ; nous sommes propriétaires indivis ; nous soutenons à l'égard de Monceaux qu'il y a indivision, et elle n'est pas contestée, elle est admise par le décret lui-même ; nous soutenons à l'égard de Neuilly, et c'est vrai, qu'il y a une partie du domaine, si petite qu'elle soit, qui a été acquise postérieurement à la donation, et dont, par conséquent, l'annulation même de la donation ne donnerait pas au domaine le droit de s'emparer à aucun titre et d'aucune manière.

Voilà, Messieurs, des questions qui sont essentiellement et fondamentalement judiciaires. Pour ces questions-là, nous avons formé une demande en maintien de possession, afin de faire dire et déclarer par le tribunal que c'est indûment qu'on s'est emparé par violence de notre propriété. Nous avons saisi le tribunal, et il appartient au tribunal de prononcer sur les questions soulevées par nous.

Je m'arrête. Je ne comprends pas la possibilité d'arriver au résultat auquel on veut tendre ; je ne la comprends pas parce que cela répugne à nos lois, et plus encore parce que cela répugne à nos mœurs, à notre caractère, à notre amour de la vérité. Qu'y aurait-il si le système soutenu triomphait ? Qu'y aurait-il dans l'acte dont il s'agit ? il y aurait un mensonge à la face du pays. On se serait donné l'air de procéder légalement ; on aurait déclaré qu'on ne veut pas de lois rétroactives ; on aurait dit bien haut qu'on ne veut pas porter d'atteinte à la propriété ; on aurait paru respecter la loi consacrée par la royauté, et qui abolit la confiscation en France ; on l'aurait respectée dans les mots ; et, par la forme, par un échappatoire, par une fin de non-recevoir indéfinissable, qui n'est pas un déclinatoire, car on ne propose pas une autre juridiction, par une véritable fin de non-recevoir au fond, présentée comme raison d'imcompétence, on arriverait en fait, par l'hypocrisie, par le mensonge, en trompant la nation, en affichant devant elle le respect de ses droits, en lui disant qu'on ne veut rien faire contre eux, on aurait fait ce qu'elle déteste, ce qu'elle méprise le plus : on aurait fait une véritable confiscation.

Une confiscation ! C'est à ce mot, que j'ai entendu retentir dans le Comité des finances de l'Assemblée Constituante, en 1848, que moi, adversaire politique du gouvernement qui venait de tomber, je me suis levé et j'ai dit : Vous n'aurez pas de prétexte, vous ne trouverez pas de passions, de haines, de rancunes qui vous protègent dans les moyens de violence et de spoliation que vous voulez employer ; ce n'est pas ceux que vous voulez frapper que je défends ici, c'est moi, c'est la société ; car, lorsque vous aurez fait le premier pas, lorsque vous vous serez mis au-dessus du droit, lorsque vous aurez rétabli la confiscation, soit d'une manière hypocrite, soit d'une manière sincère, comme le voulait le Représentant qui demandait la dépossession, quand vous l'aurez pratiquée à l'égard des princes, en abusant de tout ce que les passions politiques peuvent susciter de rancunes, vous irez bientôt contre leurs serviteurs, contre ceux qui vous seront importuns, et dès lors, il n'y aura plus personne, il n'y aura plus de famille, dont la propriété soit en sécurité.

C'est là, Messieurs, ce qui fait que j'aurais cru manquer à l'honneur si je n'avais pas répondu à l'appel qui m'a été fait. Je regarde d'être intervenu dans cette affaire et d'avoir signé la consultation comme le plus beau couronnement, et, je le dirai avec orgueil, comme la récompense de ma vie entière. (*Sensation.*) J'ai été quarante ans élevé à l'école des magistrats ; j'ai défendu les lois de mon pays sans acception de personnes, sans haine pour les hommes, avec les ressources de mon intelligence et avec l'énergie de mon ame, avec l'impartialité, avec l'amour de la vérité et de la justice ; j'ai toujours défendu le droit, je le défendrai toujours, je le défendrai encore envers et contre tous, et le droit, ici, est incontestable.

Nous sommes liés, Messieurs ; c'est une cause commune. Vous vous déclarerez compétents, comme tout le Barreau vous dit, comme toutes les lois vous disent, que vous êtes compétents, comme la société vous le dit, car la société ne veut pas que vous laissiez passer un acte de Gouvernement, un acte politique, un acte qualifié de la manière qu'on voudra, qui porte atteinte à la propriété privée. La société vous le demande; votre vie entière vous le demande.

Vous avez, comme nous, traversé bien des révolutions. Vous pouvez subir toutes les conditions que les pouvoirs divers vous imposent pour demeurer dans le sacerdoce judiciaire ; mais vous y demeurez avec le sentiment de votre dignité. Les pouvoirs passent, ils imposent leurs conditions passagères; on vous respecte à travers tous ces Gouvernements qui se succèdent, sous lesquels vous restez sur vos sièges, rendant la justice, et la rendant avec dignité. Mais si vous sortiez de ce rôle élevé, si vous l'abandonniez un moment, ce sentiment de respect pour votre vie, ce sentiment supérieur à toutes les mutations et à toutes les transfigurations politiques, ferait place à un sentiment tout-à fait contraire. Vous en êtes incapables, Messieurs, et vous vous maintiendrez compétents.

(Ces dernières paroles, prononcées avec une grande chaleur et une animation toute sympathiques, produisirent dans l'auditoire et sur les bancs du barreau une émotion inexprimable, que suffisent à peine à contenir la présence du tribunal et le souvenir des recommandations de M. le Président).

M. LE PRÉSIDENT : Le tribunal se retire dans la Chambre du Conseil pour en délibérer.

A cinq heures un quart le tribunal rentre en séance et rend le jugement suivant :

« Attendu que les membres de la famille d'Orléans procèdent, comme propriétaires des domaines de Neuilly et de Monceaux, soit en vertu de la donation du 7 août 1830, soit en qualité d'héritiers de leur père et pour partie de la princesse Adélaïde leur tante, soit en vertu d'une jouissance prolongée pendant plus de vingt ans, et pouvant fonder la prescription ;

« Attendu que leur action a pour objet la propriété de ces deux domaines ;

« Attendu que les tribunaux ordinaires sont exclusivement compétens pour statuer sur les questions de propriété, de validité de contrat, de prescription ;

«Que ce principe a toujours été appliqué aussi bien à l'égard de l'État qu'à l'égard des particuliers ;

« Qu'ainsi au tribunal seul il appartient d'apprécier les titres des parties et d'appliquer la loi aux faits qui donnent lieu au procès ;

« Se déclare compétent ; retient la cause, et, pour être statué au fond, continue à quinzaine, et condamne le préfet de la Seine aux dépens de l'incident. »

(Des applaudissements éclatent dans l'auditoire ; mais aussitôt ils sont réprimés par M. le président.)

Imprimép ar Henri et Charles Noblet, rue Saint-Dominique, 56.